AF346989

F ©

RECUEIL
DES EDITS

PORTANS CREATION DES OFFICES DE
Greffiers des Infinuations Ecclefiaftiques , & des Domaines des Gens de Main-morte , & de Controlleurs
defdits Greffiers.

ENSEMBLE.

Des Declarations , Lettres Patentes , Arrefts & Sentences
renduës en confequence.

A PARIS,

Chez Jean-Baptiste Delespine , Imprimeur & Libraire ordinaire
du Roy , du Clergé de France , & de Son Eminence Monfeigneur le
Cardinal de Noailles , Archevêque de Paris , ruë Saint Jacques , à
l'Image Saint Paul.

M. DCCXXII.

RECUEIL
DES EDITS

PORTANS CREATION DES OFFICES de Greffiers des Insinuations Ecclesiastiques, & des Domaines des Gens de Main-morte, & de Controlleurs desdits Greffiers.

Ensemble des Declarations, Lettres Patentes, Arrests & Sentences renduës en consequence.

EDIT DU ROY
Du mois de Decembre 1691.

Portant creation des Greffiers des Insinuations Ecclesiastiques.

Registré au Parlement, en la Cour des Aydes & au Grand Conseil.

LOUIS par la grace de Dieu, Roy de France & de Navarre : A tous présens & à venir. SALUT : Les fraudes & les abus qui se commettent dans les Actes concernant l'état des Personnes Ecclesiastiques, & les Titres des Benefices, estant d'une dangereuse conséquence dans la police de l'Eglise, les Rois nos Predecesseurs ont crû estre obligez de s'appliquer serieusement à en rechercher la cause, pour y apporter ensuite le remede convenable, & ayant trouvé que le desordre provenoit principalement de la facilité qu'il y avoit d'antidater plusieurs Expeditions Beneficiales ; de la clandestinité des Resignations qui demeuroient secretes jusqu'à l'extremité de la vie des Résignans ; du peu de soin que les Abbez Commendataires, les Patrons & Collateurs particuliers, avoient de tenir Registre des Presentations & Collations qu'ils expedioient ; & de ce qu'après leur mort les minutes de leurs Presentations, & Collations estoient le plus souvent perduës, en sorte que quand leurs successeurs en avoient besoin pour justifier qu'ils estoient en possession d'un Patronage, ils ne pouvoient les trouver. Le Roy Henry II. auroit sur les remontrances de plusieurs bons & notables Archevêques, Evêques, & autres Prélats du Clergé de France, fait publier en 1553. son Edit, portant creation d'un ou plusieurs Greffes des Insinuations Ecclesiastiques en chaque Diocese du Royaume, & permis aux Archevêques & Evêques, d'en nommer par provision les Greffiers, jusqu'à ce qu'autrement en eust esté ordonné ; mais l'execution de son Edit ayant esté negligée, les plaintes des malversations qui se commettoient dans les Actes concernant les Matieres Beneficiales auroient continué ; Et le Roy Henry IV. nôtre Ayeul de glorieuse memoire, jugeant qu'il n'y avoit point de meilleur moyen pour les faire cesser que de pourvoir diffinitivement à l'établissement de ces Greffes, les auroit érigez par son Edit de 1595. en Offices Royaux, Seculiers & Domaniaux ; & après les avoir établis, le Clergé auroit obtenu en l'année 1615. du Roy Loüis XIII. nôtre très-honoré Seigneur & Pere la permission de rembourser ceux qui les avoient acquis de la Finance par eux payée, & qui étoit actuellement entrée en nos Coffres, à la charge de commettre des Personnes Laïques & capables pour les exercer, en execution de laquelle permission plusieurs proprietaires desdits Greffes ayant esté remboursez, les Domestiques de quelques Ordinaires auroient esté commis pour faire la fonction de Greffiers des Insinuations, & ayant donné lieu à des plaintes contre leur conduite, ledit Seigneur Roy leur auroit enjoint par l'Ordonnance de 1629. de se demettre desdits Greffes, & auroit créé par son Edit de 1637. dans les Villes principales du Royaume des Controlleurs de Procurations pour refigner , & des autres Actes concernant les Benefices : mais s'étant rencontré plufieurs inconveniens pour l'execution de ce dernier Edit , Nous aurions permis par noftre Declaration de 1646. aux Syndics du Clergé de rembourfer lefdits Controlleurs , & ordonné moyennant leur rembourfement, que leur Charge feroit faite par les Greffiers des Infinuations des Dioéefes , chacun dans fon reffort. Et comme nous fommes informez que noftredite Declaration eft diverfement interpretée & executée dans nos Cours de Parlement , & par noftre Grand Confeil , les uns voulant fuivre ce qui eft porté par l'article 13. de noftredite Declaration , & les autres l'article 19. de l'Edit du Controlle , les uns-jugeant que les Procurations pour refigner & autres Actes ne font nuls pour défaut d'Infinuation , que quand ils font fufpects de fraude ou de faux ; & les autres ayant fait des Reglemens pour obliger d'infinuer les Significations des Infinuations , & des Graduez , & les Procurations pour refigner avant l'envoy en Cour de Rome , à peine de nullité , ce qui rend l'Infinuation de la plûpart des Actes arbitraire , les Bénefices litigieux , & fait que l'evenement des Complaintes au fond ne dépend le plus fouvent que de l'iffuë d'un Reglement de Juges , à quoi il eft neceffaire de pourvoir , & de faire fur ce une Loy generale , qui établiffe une Jurifprudence uniforme , tant pour regler les Actes qu'il eft neceffaire d'infinuer , que pour déterminer le temps dans lequel ils doivent eftre infinuez. A CES CAUSES , & autres à ce Nous mouvant, de noftre certaine fcience , pleine puiffance , & autorité Royale , Nous avons par le prefent Edit , perpetuel & irrevocable , éteint & fupprimé , éteignons & fupprimons les Offices de Greffiers des Infinuations Ecclefiaftiques créez par les Edits du mois de Mars 1553. & Juin 1595. & avons par le prefent Edit créé , érigé & établi , créons , érigeons & établiffons en titre d'Office formé hereditaire , Domanial , Royal , & Seculier , des Offices de Greffiers des Infinuations Ecclefiaftiques dans chaque Diocefe de noftre Royaume , Païs , Terres & Seigneuries de noftre obéiffance , dont le nombre fera fixé par les Rolles qui feront arreftez en noftre Confeil.

PREMIEREMENT.

Voulons qu'en attendant la vente defdits Offices , il foit par nois Commis à l'exercice , à l'effet de quoi feront toutes Commissions expediées en nostre Grande Chancellerie.

II Ceux qui sont à present pourvûs ou joüissans desdits Offices, representeront en nostre Conseil les Contrats de la premiere vente qui en a esté faite, leurs provisions, quittances de Finance, leurs contrats particuliers d'acquisition & autres titres de proprieté, en vertu desquels ils exercent, pour estre remboursez sur le fonds qui sera à cet effet destiné.

III. Voulons que lesdits anciens Greffiers, & tous autres ayant en leur possession les anciens Registres des Insinuations Ecclesiastiques, qu'eux & leurs auteurs ont tenu jusqu'à present, soient contraints de les remettre entre les mains des nouveaux Titulaires après leur reception, ou de ceux qui seront par Nous commis, huitaine après le commandement fait à leurs personnes, ou à leur domicile, sous peine de perte de leur Finance; Inventaire préalablement fait desdits Registres, par le Lieutenant General du Bailliage, au ressort duquel le Greffe sera établi, & seront tenus les nouveaux Titulaires, ou ceux par Nous commis, de se charger desdits Registres au pied de l'Inventaire.

IV. Ceux qui leveront lesdits Offices seront tenus de prendre des Provisions qui leur seront expediées sur les Quittances du Tresorier de nos Revenus Casuels, & ils seront ensuite reçûs sans frais pardevant nos Baillifs, & Sénéchaux du lieu de leur residence, après avoir toutefois fait information de leurs vie & mœurs.

V. Nul ne pourra estre pourvû desdits Offices, ni commis à l'exercice d'iceux, s'il n'est Laïque, âgé de vingt-cinq ans, non parent de Banquier au degré de pere, fils, oncle, neveu ou frere, non Officier ou domestique d'aucun Ecclesiastique. Seront lesdits Greffiers assidus és Villes & lieux de leur residence pour expedier promptement les Parties, & sans retardement, auquel effet pourront avoir près d'eux un ou plusieurs Commis, pour exercer leur Charge en leur absence, maladie ou empéchement legitime, lesquels Commis presteront serment pardevant le Juge Royal de leur residence, & feront toutes Expeditions, & Enregistremens necessaires; & en cas de refus ou dilayement d'insinuer, permettons aux Parties de sommer lesdits Greffiers, ou leurs Commis en presence d'un Notaire Royal & Apostolique, & de deux témoins, d'enregistrer les Actes qui leur seront presentez; & s'ils n'y satisfont ladite Sommation & Acte

qu'on voudra faire insinuer, seront montrez au Lieutenant General, ou en son absence au Substitut de nostre Procureur General en *ladite* Sénéchaussée ou Bailliage de la Ville de la residence dudit Greffier, & où il n'y auroit point de Sénéchauf-
sée ou Bailliage, au Juge Royal en chef du lieu, & en son absence au Substitut de nostre Procureur General, par l'un desquels
l'Acte de sommation portant refus, sera signé, & lui en sera laissé
copie ; moyennant quoi, Voulons que lesdits Actes soient de
pareille force que s'ils avoient esté insinuez, sans neanmoins
que les Parties en puissent abuser, supposant des refus ou des
retardemens.

VI. Ne pourront lesdits Greffiers & Commis avoir qu'un seul
Registre en même temps, ni enregistrer aucune Expedition en
un nouveau Registre, que le precedent ne soit entierement rem-
pli, à peine de punition corporelle contre lesdits Greffiers &
Commis, & de privation de leurs Charges ; & seront obligez
de representer leurs Registres aux Archevêques & Evêques de
leur residence, à nos Procureurs Generaux, & à leurs Substituts, lors qu'ils en seront par eux requis pour voir s'ils y ont
gardé la forme prescrite par nostre present Edit, sans neanmoins
que sous ce pretexte ils puissent estre dessaisis de leurs Registres.

VII. Ne pourront aussi lesdits Greffiers ni leurs Commis ins-
trumenter comme Notaires Royaux & Apostoliques, en aucun
Acte sujet à Insinuation dans leurs Registres, à peine de nullité
de l'Acte : Leur défendons de laisser aucun blanc entre les Enregistremens, à peine d'estre procedé contre le Greffier, comme Faussaire, & de quinze cens livres d'amende, dommages &
interests des Parties.

VIII. Voulons que les Registres des Greffiers des Insinuations,
contiennent au moins trois cens feüillets, & que chaque page
soit reglée de lignes droites, tant en haut qu'en bas, & aux
costez ; & auparavant que d'écrire & enregistrer aucune Expedition en icelui, ils soient tenus de le presenter à l'Archevêque
ou Evêque Diocesain, & au Lieutenant General de la Sénéchauf-
sée ou Bailliage du lieu ; lesquels feront cotter de nombres con-
tinus tous les feüillets dudit Registre ; parapheront & feront parapher chacun d'iceux par leurs Greffiers, & signeront avec eux
l'Acte qui en sera écrit à la fin du dernier feüillet, contenant
le nombre des feüillets d'icelui, le jour qu'il aura par eux esté
paraphé, & le quantiéme est ledit Registre ; le tout à peine con-

tre lefdits Greffiers de faux , de trois mille livre d'amende , dépens , dommages & interefts des Parties.

IX. Les Edits faits par les Rois nos Predeceffeurs fur l'Infinuation des Actes concernant l'état des Perfonnes Ecclefiaftiques , & les Titres des Benefices , feront à l'avenir inviolable-
ment obfervez en ce qui n'y eft point dérogé par noftre prefent
Edit , & en les renouvellant entant que befoin feroit , & y a-
joûtant : Ordonnons que les Lettres de Tonfure , celles des quatre Mineurs , de Soûdiaconat , de Diaconat & de Prêtrife ; enfemble les Demiffoires , feront infinuez dans le mois au Greffe
du Diocefe de l'Evêque qui aura conferé les Ordres ; les Indults
pour eftre promû aux Ordres avant l'âge ou hors les Quatre-
Temps ; les difpenfes fur le défaut de naiffance , pour prendre
les Ordres , les Signatures d'abfolution *à mala promotione* , celles
d'abfolution d'apoftafie , avec Difpenfe pour les Ordres ; les
Difpenfes fur irregularitez avec réhabilitation aux Ordres ; les
Proteftations pour reclamer contre les Ordres de Soûdiacre &
de Diacre ; les Brefs declaratoires de la nullité de la promotion
de l'Ordre de Soûdiacre ou de Diacre ; les Sentences de fulmination defdites Difpenfes & Brefs feront infinuées dans le mois
de la fulmination pour celles qui font en forme commiffoire ,
& dans le mois de la promotion aux Ordres , pour celles qui
font en forme gracieufe , finon & en cas de défaut d'Infinuation,
ne pourront les Parties s'en fervir devant nos Juges dans les
Complaintes Beneficiales , ni autres inftances concernant leur
état : Faifons défenfes à nos Juges d'y avoir égard.

X. Toutes Procurations pour refigner purement & fimplement
en faveur , pour caufe de Permutation de Coadjutorerie , avec futu-
re fucceffion , ou en quelqu'autre façon que ce foit , même pour
union entre les mains de noftre Saint Pere le Pape , de fon Le-
gat ou de l'Ordinaire , confentir creation ou extinction de Pen-
fion , les revocations defdites Procurations , les Significations d'i-
celles , les Provifions de Cour de Rome , de la Legation ou de
l'Ordinaire , expediées fur lefdites refignations , les requifitions
& refus de *Vifa* , les Actes de fulmination , les *Vifa* , les Procurations pour prendre Poffeffion , les prifes de Poffeffion , les
Publications d'icelles , les Actes de repudiation , ou refus d'ac-
cepter une Refignation , feront infinuez dans le temps cy-après
declaré.

XI. Toutes Procurations pour refigner en faveur , ou permu-
ter,

ter, seront infinuées auparavant d'estre envoyées en Cour de Rome ès Greffes des Dioceses, dans lesquels les Notaires les auront receües ; & si elles avoient esté passées hors les Dioceses, où
les Benefices resignez sont situez, les Pourvûs desdits Benefices
sur icelles seront en outre tenus de les faire registrer dans le
Greffe des Insinuations du Diocese, au dedans duquel les Benefices seront assis, dans trois mois après l'Expedition de leurs Provisions, le tout à peine de nullité.

XII Si les Resignataires ou Permutans pourvûs par le Pape,
ont differé leur prise de Possession plus de six mois, & les Pourvûs par Demission ou Permutation en la Legation, ou par l'Ordinaire plus d'un mois, ils seront tenus de prendre possession,
& icelle faire publier & insinuer conjointement avec la Provision, au plus tard deux jours auparavant le decès du Resignant
ou Copermutant, sans que le jour de la Prise de Possession,
Publication & Insinuation d'icelles, & celui de la mort du Resignant, soient compris dans ledit temps de deux jours, & à faute d'avoir pris ladite Possession, & icelle fait publier & insinuer
deux jours avant ledit decès : Voulons lesdits Benefices estre déclarez, comme par ce present Edit nous les déclarons vacans par
la mort du Resignant.

XIII. Déclarons les Provisions des Collateurs ordinaires, par
Demission ou Permutation nulles, & de nul effet & valeur, au
cas que par icelles les Indultaires, Graduez, Breveraires de joyeux
avenement, & de serment de fidelité, soient privez de leurs graces
expectatives, ou les Patrons de leur droit de Presentation, si les
Procurations pour faire les demissions & permutations, ensemble
les Provisions expediées sur icelles par les Ordinaires, n'ont esté insinuées deux jours francs avant le decès du Resignant ou Permu-
tant, le jour de l'insinuation, & celui du decès non compris, ce
que Nous voulons estre exactement gardé par nos Juges, sans y
contrevenir, à peine de nullité de leurs Jugemens.

XIV. Les Presentations de Patrons Ecclesiastiques & Laïques,
les Representations, les Provisions des Benefices seculiers & reguliers, en Titre ou en Commende par les Collateurs ordinaires, les
nouvelles Commendes obtenuës à Rome, les Mandemens des Archidiacres pour mettre en possession des Collations Laïques, les
Provisions de Cour de Rome, par mort ou par dévolut, les Requisitions de *Visa*, les *Visa*, les actes de refus, les Certificats de
Banquiers, que la grace est accordée par le Pape, les Ordonnances

B

des Juges, les Sentences & Arrests, portant permission de prendre possession Civille, les attestations des Ordinaires, pour obtenir Benefices en forme gracieuse, les Procurations pour prendre possession, les prises de possession & autres expeditions seront insinuées dans le mois de leur date, au Greffe du Diocese où les Benefices sont situez; & si lesdites expeditions ont esté datées d'un lieu hors le Diocese, & ne peuvent pas commodément y estre insinuées dans ce delay, les Parties seront tenuës pour en asseurer la date, de les faire insinuer dans le mois au Greffe du Diocese où elles auront esté faites, & seront en outre obligez de les faire insinuer deux mois après au Greffe du Diocese, où les Benefices sont situez : comme aussi, Voulons que les Provisions des Ordinaires qui contiennent la Collation de deux ou plusieurs Benefices, assis en divers Dioceses soient enregistrées en l'un & l'autre desdits Dioceses, sçavoir celles de l'Ordinaire dans le mois de leur date, au Greffe de l'un desdits Dioceses, & le mois suivant dans le Greffe de l'autre; & celles de Cour de Rome ou de la Legation, au Greffe, pareillement de chacun desdits Dioceses, un mois après la prise de possession de chacun desdits Benefices; le tout à peine de nullité.

XV. Seront pareillement sujettes à insinuation dans le mois, à peine de nullité, les Provisions de Benefices accordées par les Ordinaires sur nostre nomination; les prises de possession desdits Benefices, & de ceux estant à nostre collation à titre de Regale, ou à cause de la fondation des Eglises, nonobstant nostre Declaration du mois d'Octobre 1646. que nous avons revoquée pour ce regard seulement.

XVI. Les Bulles de Cour de Rome contenant provisions d'Archevêchez, d'Evêchez, d'Abbayes, de Prieurez Conventuels, des premieres Dignitez des Eglises Cathedrales & Collegiales, ou d'autres Benefices situez ès païs prétendus d'obédience, en forme commissoire ou gracieuse; celle de Coadjutorerie, toutes les dispenses pour obtenir Benefices, celles pour en retenir d'incompatibles & autres; les fulminations desdites Bulles & dispenses, les Actes de prise de possession, les signatures de Cour de Rome, & Bulles expediées en la Legation d'Avignon, par mort ou devolut; & generalement tous autres Actes faits en execution desdites Bulles & signatures, seront insinuez dans le mois après la prise de possession, à peine de nullité.

XVII. Les homologations de Concordats en Cour de Rome, ou à la Legation, les Bulles & Signatures contenant la crea-

tion ou l'extinction d'une pension, & les Procurations pour y
prester consentement, seront insinuées aux Greffes des Dioceses
où les Benefices chargez de pension seront situez, & ce dans
trois mois, à compter du jour que les Banquiers Expeditionnaires auront reçû lesdites expeditions; à cette fin seront tenus lesdits Banquiers d'écrire au dos desdites expeditions, le jour qu'ils
les auront reçûës.

XVIII. Les Lettres de degrez, les Certificats de temps d'é-
tude, les nominations par les Universitez, les significations desdites Lettres, les Procurations pour notifier les noms & sur-
noms des Graduez, en temps de Carême; les notifications, les
significations de Lettres d'Indult accordées aux Officiers de nostre
Parlement de Paris, celles des Lettres de joyeux avenement, &
de serment de fidelité; les procurations pour requerir Benefices,
seront insinuées au Greffe du Diocese dans lequel seront situées
les Prelatures, Chapitres, Dignitez & autres Benefices de Patrons & Collateurs auxquels lesdites Lettres seront adressées; &
en sera ladite insinuation faite dans le mois de la date de chacune desdites significations: Seront pareillement insinuées dans
le mois de leur date les requisitions de Benefices faites par lesdits Expectans, les presentations & collations qui leur seront
données, les Actes de refus, les provisions accordées par les
executeurs desdites graces expectatives, les actes de prise de
possession & les Decrets d'érection, de suppression & union de
Benefices; le tout à peine de nullité.

XIX. Et d'autant qu'il paroist souvent devant nos Juges des
reclamations contre les professions Religieuses suspectes d'anti-
dates, Voulons que les Actes de reclamation dans les cinq années contre la Profession Religieuse, ensemble les dispenses de
la publication d'un ou de deux Bans de Mariage, soient insinuez
dans le mois de leur date, à peine de nullité, & seront pareillement insinuez les Actes de Vesture, Noviciat & Profession,
les Indults de translation d'un Ordre à un autre, les Brefs dé-
claratoires de nullité d'une Profession Religieuse, les Sentences
sur lesdits Brefs, les dispenses de Mariage, & les Sentences de
fulmination, autrement les Parties ne pourront s'en servir devant nos Juges, & seront tenus les Greffiers d'insinuer sans frais
les Actes concernant la Profession des Religieux & Religieuses
des Ordres Mendians.

XX. Enjoignons à tous pourvûs de Benefices qui n'ont pas

acquis la possession annale paisible, de faire insinuer dans le mois, à compter du jour de la publication de nostre present Edit, les Titres & Actes en vertu desquels ils sont entrez en possession de leurs Benefices, sinon & en cas qu'ils y soient troublez, faisons deffenses à nos Juges d'avoir égard ausdits Titres & Actes.

XXI. Les Vicariats pour presenter & conferer Benefices, même les Procurations baillées par les Chanoines absens, pour nommer aux Benefices qui vaqueront en leur tour ou les conferer, ne pourront sortir aucun effet ni aucunes Nominations, Presentations ou Collations estre faites en vertu d'iceux, jusqu'à ce qu'ils ayent esté registrez au Greffe du Diocese, où est assis le chef-lieu des Prélatures, Chapitres & Dignitez desquels dépendent les Benefices, & seront sujettes à semblable Insinuation, les revocations desdits Vicariats, les Provisions d'Official, celles de Vicegerant, de Promoteur, de Substitut de Promoteur, de Greffier des Officialitez ou Chapitres, & les Actes de remerciement faits par les Prélats ou Chapitres auxdits Officiers, pour en pourvoir d'autres en leur place.

XXII. Enjoignons à nos cours de Parlement, à nostre Grand Conseil & à tous autres Juges de tenir la main à l'execution de nostre present Edit, leur deffendons d'avoir égard aux Actes cy-dessus exprimez qui n'auront esté insinuez, & si aucun Jugement ou Arrest estoit donné au contraire, nous l'avons dès à present déclaré nul & de nul effet & valeur.

XXIII. Et pour engager les Particuliers qui se feront pourvoir desdits Offices, à exercer leurs charges avec assiduité & sans distraction; Voulons qu'outre les droits que nous leur permettons de prendre, suivant le Tarif arresté en nostre Conseil, ils joüissent encore de quatre cens livres de gages, de trois quartiers desquels le fonds sera laissé dans l'état de nos Domaines de chaque Generalité, pour leur estre payez par nos Fermiers; & afin qu'ils vaquent avec liberté à leurs fonctions, Nous leur accordons pareillement l'exemption de logement effectif de gens de guerre, de la Collecte des Tailles, Guet, Garde, Tutelle, Curatelle & autres Charges publiques.

SI DONNONS EN MANDEMENT à nos amez & feaux Conseillers, les Gens tenans nostre Cour de Parlement, Chambre des Comptes, & Cour des Aydes à Paris, que nostre present Edit ils ayent à faire lire, publier & registrer, & le con-

tenu en icelui garder & observer selon sa forme & teneur, cessant
& faisant cesser tous troubles & empêchemens qui pourroient
estre mis ou donnez, nonobstant tous Edits, Declarations, Ordonnances, Reglemens & autres choses à ce contraires, auxquels
Nous avons dérogé & dérogeons par nostre present Edit, aux
copies duquel, collationnées par l'un de nos amez & feaux Conseillers-Secretaires, Voulons que foi soit ajoûtée comme à l'O-
riginal; CAR tel est nostre plaisir. Et afin que ce soit chose
ferme & stable à toûjours, Nous y avons fait mettre nostre scel.
Donne' à Versailles au mois de Decembre, l'an de grace mil
six cens quatre-vingt-onze, & de nostre Regne le quarante-neu-
viéme. Signé, LOUIS; *Et plus bas*, Par le Roy, PHELYPEAUX.
Visa, BOUCHERAT. Et scellé du grand Sceau de cire verte, en lacs
de soye rouge & verte.

*Registrées, oüy & ce requerant le Procureur General du Roy,
pour estre executées selon leur forme & teneur; & copies collationnées envoyées dans les Sieges, Bailliages & Sénéchauffées du Reffort, pour y estre pareillement lûës, publiées, & enregistrées: Enjoint aux Substituts du Procureur General d'y tenir la main, &
d'en certifier la Cour dans un mois, suivant l'Arrest de ce jour.
A Paris en Parlement le 2. Janvier 1692. Signé, Du TILLET.*

*Registrées en la Cour des Aydes, Oüy ce requerant & confen-
tant le Procureur General du Roy, pour estre executées selon leur
forme & teneur; & ordonné que copies collationnées des presentes
Lettres, seront inceffamment envoyées à la diligence du Procureur General, és Sieges des Elections & Greniers à Sel du Reffort
de ladite Cour, pour y estre lûës, publiées & registrées l'Audience tenant; Enjoint aux Substituts dudit Procureur General d'y tenir la main, & de certifier la Cour de leur diligence au mois. A
Paris, les Chambres affemblées le 22. Janvier 1692.*

Signé, Du MOLIN

TARIF

DES DROITS QUE LE ROY EN SON CONSEIL VEUT ET Ordonne estre payez aux Greffiers des Insinuations créez par Edit du mois de Decembre 1691.

SCAVOIR.

POUR l'Insinuation des Bulles d'Archevêché ou Evêché, & la prise de possession, trente livres, cy   xxx. l.

Pour l'Insinuation des Bulles d'Abbayes, fulmination & prise de possession, vingt livres, cy   xx. l.

Pour l'Insinuation des Bulles des Prieurez Conventuels, de nomination Royale, fulmination & prise de possession, dix-huit livres, cy   xviii. l.

Pour l'Insinuation des Bulles des premieres Dignitez des Eglises Cathedrales & Prieurez Conventuels collatifs, fulmination de Bulles, & prise de possession, quinze livres, cy   xv. l.

Et s'il n'y a qu'une collation de l'Ordinaire, & une prise de possession, douze livres, cy   xii. l.

Pour les Bulles des premieres Dignitez des Eglises Collegiales, fulmination & prise de possession, neuf livres, cy   ix l.

Et s'il n'y a qu'une collation de l'Ordinaire & une prise de possession, six livres, cy   vi. l.

Pour les Signatures des Dignitez, Personats & Offices des Eglises Cathedrales, *Visa* & prise de possession, huit livres, cy   viii. l.

Et s'il n'y a qu'une collation de l'Ordinaire, & prise de possession, sept livres, cy   vii. l.

Pour les Signatures des Dignitez, Personats & Offices des Eglises Collegiales, *Visa*, & prise de possession, sept livres, cy   vii. l.

S'il n'y a qu'une collation de l'Ordinaire, & prise de possession, six livres, cy   vi. l.

Pour les Signatures de Prébendes des Eglises Metropolitaines & Cathedrales, *Visa*, & prise de possession & publication, six livres, cy   vi. l.

Et s'il n'y a qu'une Collation de l'Ordinaire & prise de possession, cinq livres, cy   v. l.

Pour les Signatures des Prébendes des Eglises Collegiales, *Visa*, prise de possession & publication, cinq livres, cy   v. l.

S'il n'y a qu'une collation de l'Ordinaire, & une prise de possession, quatre livres, cy   iv. l.

Pour les prises de possession des premieres Dignitez des Eglises Cathedrales, en vertu des Provisions en regale, huit livres, cy   viii. l.

Prise de possession des Dignitez, Personats & Offices des Eglises Cathedrales, en vertu des provisions en regale, quatre livres, cy   iv. l.

Prises de possession des Prebendes des Eglises Cathedrales & Collegiales, en vertu de provisions en regale, trois livres, cy   iii. l.

Prise de possession des premieres Dignitez des Eglises de fondation Royale, quatre livres, cy   iv. l.

Prises de possession des Dignitez, Personats & Offices des Eglises de fondation & collation Royale, trois livres dix sols, cy   iii. l. 10. s.

Prises de possession des Prébendes dans les Chapitres de fondation & collation Royale, deux livres, cy   ii. l.

Signatures en forme commissoire & gracieuse, *Visa*, prise de possession des Semi-Prebendes, Chapellenies, Chapelies & autres Benefices du bas Chœur des Eglises Cathedrales & Collégiales, quatre livres, cy   iv. l.

Et s'il n'y a qu'une collation de l'Ordinaire & une prise de possession, trois livres, cy   iii. l.

Signature de Prieurez simples en titre ou en commende, en forme commissoire ou gracieuse, *Visa*, prise de possession & publication, huit livres, cy   viii. l.

Et s'il n'y a qu'une collation de l'Ordinaire, & une prise de possession, six livres, cy   vi. l.

Signature en forme commissoire ou gracieuse, *Visa*, & prise de possession d'Offices Clauftraux, trois livres, cy   iii. l.

Et s'il n'y a qu'une collation de l'Ordinaire & une prise de possession, deux livres, cy   ii. l.

Signature de nouvelle commende, trois livres, cy   iii. l.

Signature de Prieuré, Cure en titre ou en commende, Curez, Vicaires perpetuels, Chapellenies & Chapelles, *Visa*, prise de poſſeſſion & publication , cinq livres , cy   v. l.

Et s'il n'y a qu'une collation de l'Ordinaire , & une priſe de poſſeſſion , quatre livres , cy   iv. l.

Preſentations , repreſentations , mandemens d'introduction , requiſitions de proviſions , ou *Viſa* avec refus , ou ſans refus , atteſtation de vie & mœurs , pour faire expedier en forme gracieuſe , procurations pour prendre poſſeſſion , ſera payé pour chacun deſdits actes , dix ſols , cy   x. ſ.

Les concordats , & homologations d'iceux , à Rome , ou à la Legation , trois livres , cy   iii. l.

Procurations pour reſigner en faveur purement & ſimplement , pour cauſe de permutation , ou en quelque autre façon & maniere que ce ſoit , une livre dix ſols , cy   i. l. x. ſ.

Revocation de procuration pour reſigner , & ſignification d'icelle , une livre dix ſols , cy   i. l. x. ſ.

Retractation d'une revocation de procuration pour reſigner , & ſignification d'icelle , une livre dix ſols , cy   i. l. x. ſ.

Repudiation d'une reſignation ou autre proviſion , une livre , cy   i. l.

Creation de penſion ſur Archevêchez , Evêchez , Abbayes , Prieurez conventuels de nomination Royale , huit livres , cy viii. l.

Creation de penſion ſur autres Benefices , quatre livres , cy   iv. l.

Procuration pour conſentir la reduction , ou extinction d'une penſion , une livre , cy   i. l.

Signature d'extinction de penſion ſur Benefice de nomination Royale , ſix livres , cy   vi. l.

Signature d'extinction de penſion ſur autre Benefice , trois livres , cy   iii. l.

Signification de lettres d'Indult , de joyeux avenement , & de ſerment de fidelité , procuration pour requerir Benefices , requiſitions , ſera payé pour chacun deſdits actes , une livre , cy   i. l.

Lettres de degrez , certificats de temps d'études , nominations par les Univerſitez , ſignifications deſdites lettres , procurations pour notifier le nom & ſurnom d'un gradué en temps de Carême , acte de notification , procuration pour requerir Benefices , requiſitions , ſera payé pour chacun deſdits actes , une livre , cy   i. l.

Chaque lettre d'Ordre , dix ſols , cy   x. ſ.

Dimiſſoire pour prendre les Ordres , dix ſols , cy   x. ſ.

Indult

Indult pour estre pourvû aux Ordres hors les Quatre-Temps, une livre dix sols , cy   i. l. x. s.

Indult pour estre pourvû aux Ordres avant l'âge & autres dispenses de Rome ou de la Legation , sur la promotion ou rehabilitation aux Ordres , ou absolution *à malâ promotione* , sera payé pour chacun desdits Indults , & dispenses quatre livres , cy   iv. l.

Protestation contre la promotion , avec Ordre de Soudiacre & de Diacre , une livre , cy   i. l.

Bref declaratoire de nullité de la promotion à l'Ordre de Soudiacre ou de Diacre , & Sentence de fulmination , quatre livres , cy   iv. l.

Les decrets d'érection , suppression & union de Benefices , douze livres , cy   xii. l.

Dispense d'âge sans provision , pour tenir des Abbayes , Prieurez Conventuels , ou autres Benefices , douze livres , cy   xii. l.

Dispense sans provision , sur le défaut de naissance , pour tenir Benefices , six livres , cy   vi. l.

Bref de dispense sur Bigamie , *ad Ordines & Beneficia* , douze livres , cy   xii. l.

Dispense sur irregularité jugée , & Sentence de fulmination , quatre livres , cy   iv. l.

Dispense pour Seculiers ou Religieux , sur incompatibilité de Benefices , six livres , cy   vi. l.

Certificat de Banquier , que la grace accordée , Sentence ou Arrest portant permission de prendre possession , prise de possession , deux livres , cy   ii. l.

Actes de vesture , noviciat & profession dans les Monasteres non mandians , une livre dix sols , cy   i. l. x. s.

Indult de translation d'un Ordre à un autre , pour y tenir Benefice , six livres , cy   vi. l.

Acte de reclamation d'un Religieux contre sa profession , une livre , cy   i. l.

Bref declaratoire de nullité d'une profession Religieuse , & Sentence de fulmination , quatre livres , cy   iv. l.

Dispense de mariage entre pauvres , & Sentence de fulmination seront registrées gratuitement.

Dispense de mariage entre riches , sans cause ou avec cause , & Sentence de fulmination , douze livres , cy   xii. l.

Dispense d'un ou de deux bancs de mariage , trois livres , cy   iii. l.

C

Lettres de Vicariat pour preſenter & conferer Beneſices dépendans d'une dignité , cinq livres , cy   v. l.

Procuration d'un Chanoine abſent pour nommer aux Beneſices vacans en ſon tour , une livre , cy   i. l.

Proviſions d'Official ou Vicegerent , cinq livres , cy   v. l.

Proviſions de Promoteur , de Subſtitut de Promoteur & de
Greffier de l'Officialité , ſera payé pour chacune trois livres ,
cy   iii. l.

Acte de revocation des Lettres d'un Vicaire General , ou de
remerciement fait par les Prélats ou Chapitre , à un Officier ,
Vicegerent , ou Promoteur , Subſtitut de Promoteur , & Greffier de l'Officialité , ſera payé pour chacun , une livre ,
cy   i. l.

Fondation à perpetuité d'un Benefice , quatre livres , cy iv. l.

Fondation de Preſtimonie , Saluts , Proceſſions , & Obits ,
deux livres , cy   ii. l.

Seront payez pour les Bulles & Signatures de la Legation , les
mêmes droits que ceux qui ſeront taxez pour les Bulles , Brefs
& Signatures expediées à Rome. Fait Sa Majeſté défenſes aux
Greffiers des Inſinuations Eccleſiaſtiques & à leurs Commis ,
d'exiger ni recevoir ſous quelque prétexte que ce puiſſe eſtre ,
plus grande ſomme que celle contenuë au preſent Tarif , encore qu'elle leur fuſt volontairement offerte , à peine de concuſſion.

FAIT & arreſté au Conſeil Royal des Finances , tenu à Verſailles l'onziéme jour de Decembre mil ſix cens quatre vingt-
onze. Collationné. Signé , DE LAISTRE , avec paraphe.

EDIT DU ROY

Du mois de Decembre 1691.

Portant creation de Greffiers des Domaines des Gens de Main-morte.

Regiftré au Parlement, en la Cour des Aydes, & au Grand Confeil.

LOUIS par la grace de Dieu, Roy de France & de Navarre : A tous prefens & à venir, Salut. Les Rois nos prédeceffeurs ont fait plufieurs Ordonnances pour empêcher que les Domaines, Terres, Seigneuries, Juftices, Fiefs, Cenfives, Rentes, Dixmes & Champarts, dépendans des Benefices, Eglifes, Commanderies, Hôpitaux, Univerfitez, Facultez, Colleges, Fabriques, Confrairies, Communautez Seculieres ou Regulieres, & autres Gens de Main-morte ne fuffent ufurpez ; Mais quelque foin qu'ils en ayent pris, Nous fommes avertis que ceux qui ont des Terres voifines des biens appartenans aux Gens de Main-morte, s'en mettent fouvent en poffeffion en vertu d'alienations vicieufes faites à leur profit, ou de Baux à ferme par eux pris fous des noms interpofez : & il arrive que les uns s'y maintiennent par la connivence ou négligence des Titulaires & Adminiftrateurs, les autres par la fouftraction des Titres, & plufieurs par la prefcription, faute par les Gens de Main-morte de pouvoir recouvrer les Baux que leurs predeceffeurs ont faits des biens qu'ils reclament ; ce qui caufe plufieurs procez qui confument nos Sujets en frais. A quoi eftant neceffaire de pourvoir, Nous nous fommes faits reprefenter l'Edit par lequel le Roy Henri II. créant les Greffes des Infinuations, avoit ordonné pour prévenir ce defordre, que les Contrats d'échanges ou autre alienation des autres immeubles de l'Eglife, & ceux des Fondations à perpetuité y feront regiftrez ; & nous avons trouvé que l'execution de cette Ordonnance avoit non feulement efté négligée, mais encore qu'elle n'étoit pas fuffifante pour conferver aux Gens de Main-morte les biens qu'ils poffedent, s'il n'étoit auffi pourvû à l'enregiftrement des Actes de jouïffance qui fe perdent ordinairement par la mort ou par le changement des Titulaires & des Adminiftrateurs, les

C ij

Successeurs n'ayant point de connoissance des Notaires qui en gardent les minuttes, pour en lever des nouvelles expeditions, & desirant mettre ordre qu'il n'y en ait plus à l'avenir de perdus, Nous avons resolu d'établir en chaque Diocese de nostre Royaume, Terres & Pays de nostre obéïssance, des déposts publics de toutes les alienations, & acquisitions qui se feront des Gens de Main-morte, ensemble des principaux Actes de leur possession, afin qu'il y ait un lieu certain où ceux qui en auront besoin les puissent trouver. A CES CAUSES, & autres considerations à ce nous mouvans, de nostre certaine science, pleine puissance & autorité Royale, Nous avons par le present Edit perpetuel & irrevocable, créé & érigé, créons & érigeons en Titre d'Office formé & hereditaire, le nombre de quatre cens Greffiers, qui seront nommez les Greffiers des Domaines des Gens de Main-morte, pour estre établis dans les Villes & Bourgs situez dans les Dioceses de nostre Royaume, Païs & Terres de nostre obéïssance suivant & ainsi qu'ils seront distribuez par les Rolles qui seront arrestez en nostre Conseil à proportion de la grandeur & de l'étenduë des Dioceses.

PREMIEREMENT.

Seront lesdits Greffiers par Nous pourvûs, & seront reçûs sans aucuns frais, en prétant serment devant nos Juges au Ressort desquels leur Greffe sera établi ; après toutefois avoir fait information de leurs vie & mœurs.

II.

Voulons qu'ils tiennent bon & loyal Registre, contenant au moins trois cens feüillets, & qu'auparavant d'y écrire & enregistrer aucun Acte, ils le presentent au Juge pour en cotter & parapher les feüillets par premier & dernier, & faire procez verbal en la premiere page du nombre des feüillets, du jour qu'il a esté paraphé, & que pour tous droits d'avoir cotté & paraphé les feüillets du Registre de quelque grosseur qu'il soit, & fait le procez verbal, il soit payé par le Greffier au Juge la somme de quatre livres, lui faisons défenses d'en éxiger ni recevoir plus grande, encore qu'elle lui fut volontairement offerte, à peine de concussion.

III.

Seront tenus les Greffiers de datter l'enregistrement de l'acte,

& de faire signer celui qui l'aura presenté pour estre registré, s'il sçait signer, sinon ils feront mention de sa declaration qu'il ne sçait signer, & signeront au pied de chaque enregistrement; leur défendons de laisser aucun blanc entre les enregistremens, à peine de privation de leurs Charges, & d'estre procedé contre eux comme faussaires, de trois mille livres d'amende, dommages & interests des Parties.

I V.

Pour faire promptement expedier les Parties & sans retardement, permettons ausdits Greffiers d'avoir près d'eux un ou plusieurs Commis laïques pour exercer leurs Charges en leur absence, maladie ou empêchement legitime, sans neanmoins avoir registre separé. Voulons que lesdits Commis après avoir presté serment devant le Juge Royal de leur residence, puissent faire toutes expeditions & enregistremens.

V.

Lorsqu'un Acte aura esté registré, les Greffiers ou leurs Commis feront mention au dos ou au pied d'icelui du jour de son enregistrement, en quel registre & au quantiéme feüillet il a esté écrit, par qui il a esté apporté au Greffe; si celui qui l'a presenté a signé sur le registre, & le Greffier ou son Commis en signeront l'Acte.

V I.

Enjoignons aux Greffiers de délivrer quand ils en seront requis, des extraits de leurs registres, & de cotter à la teste de chaque Acte le quantiéme registre & le feüillet où ledit acte a esté registré & par qui il a esté presenté au Greffe; & pour l'expedition de chaque Acte, ils prendront pareille somme que celle qui leur est attribuée pour l'enregistrement.

V I I.

Feront lesdits Greffiers à la fin de chaque registre un repertoire de tous les Contrats, Baux & Titres qu'ils y auront registrez, pour en pouvoir en cas de besoin délivrer promptement des Extraits lorsqu'ils en seront requis, & ne pourront prendre pour droit de recherche de chaque Acte que cinq sols.

V I I I.

Les Archevêques, Evêques, Abbez, Prieurs, Doyens, Prevosts, Archidiacres, Chapitres, Curez, Chapelains, Monasteres, Fabriques, Confrairies Commandeurs Seculiers & Reguliers, Universitez, Facultez, Colleges, Administrateurs d'Hôpitaux, Maires & Echevins, Consuls, Syndics, Capitouls, Iurats, Manans & Habitans des Villes, Bourgs, Bourgades, Villages, Hameaux, & autres Gens de Main-morte de noſtre Royaume, qui alieneront ou engageront cy-après aucuns immeubles dépendans de leurs Egliſes ou Communautez, à prix d'argent, par échange, par baux à titre d'infeodation, cens ou rentes, par amphitéoſe & baux à gaudence, ſeront tenus d'en faire regiſtrer les Contrats d'alienation, & les adjudications par Sentences, ou Arreſts au Greffe des Domaines des Gens de Main-morte du lieu où les biens alienez ſeront aſſis, dans les quatre mois après l'alienation, autrement nous déclarons leſdites alienations nulles; Faiſons défenſes à nos Juges d'y avoir égard, & aux Parties de s'en ſervir.

IX.

Les Baux amphiteotiques ou à vie, cy-devant faits par les Gens de Main-morte, enſemble ceux à gaudence, ſeront pareillement regiſtrez à la diligence des preneurs auſdits Greffes, deux mois après la publication de noſtre preſent Edit, à peine de cinquante livres d'amende, applicable un tiers à l'Hôpital du lieu, un tiers à l'Officier, & l'autre tiers au Dénonciateur, qui ne pourra eſtre reputée comminatoire, ni moderée par nos Juges.

X.

Déclarons pareillement nulles les acquiſitions qui ſeront cy-après faites par les Gens de Main-morte à titre de rachapt, Fondations, Donations Teſtamentaires, ou autres titres quelconques, ſi elles n'ont eſté regiſtrées au Greffe du lieu où les biens ſeront ſituez quatre mois après, à l'égard des Contrats entre-vifs, & ſix mois après la mort du Teſtateur, à l'égard des donations pour cauſe de mort ou teſtamentaires.

X I.

Seront ſemblablement ſujettes à l'enregiſtrement audit Greffe, les ventes & adjudications des bois de haute fûtaye appartenans aux Gens de Main morte, les tranſactions & jugemens ſur Procez meus & à mouvoir, concernant les fonds & proprieté des biens dépendans des Egliſes ou des Communautez, autrement & à faute dudit enregiſtrement dans le delay des quatre mois, nous les reputons nulles & de nul effet & valeur.

X I I.

Les Baux generaux des Archevêchez, Evêchez, Abbaïes,

Prieurez, & autres grands Benefices, & tous les Baux des autres biens appartenans aux Gens de Main-morte, sans aucuns excepter seront portez par les Preneurs aux Bureaux desdits Greffiers, pour les Baux courans y estre registrez dans le mois après la publication de nostre present Edit, à peine de cinquante livres d'amende applicable comme dessus, qui ne pourra estre reputée comminatoire, ni moderée par nos Juges. Et à l'égard des Baux qui seront faits à l'avenir, Voulons pareillement qu'ils soient portez ausdits Greffes, pour y estre registrez dans le terme de deux mois, & jusqu'à ce qu'ils ayent esté registrez. Faisons défenses aux Gardes-Scels des Contrats de les sceller, à peine de privation de leurs Charges, & à tous Huissiers & Sergens de les mettre à execution, à peine de nullité des contraintes & d'interdiction, & à nos Juges d'y avoir égard.

X I I I.

N'entendons toutefois que les Sous-Baux des biens compris en un Bail general registré, soient sujets à aucun enregistrement.

X I V.

Les Gens de Main-morte qui feront valoir par leurs mains leurs Domaines, en tout ou partie, feront une déclaration de dix en dix ans pardevant Notaires, contenant les biens qu'ils exploiteront, & la valeur, affirmeront ladite declaration veritable, & la feront registrer auxdits Greffes, & à faute d'y satisfaire, ils y seront contraints à la diligence des Greffiers par saisie de leur temporel.

X V.

Voulons que tous les Notaires qui passeront des Contrats portant acquisition ou alienation d'immeubles pour Gens de Main-morte, déclarent aux Parties à la fin du Contrat, qu'il leur est enjoint par nostre Edit de les faire registrer aux Greffes des Domaines des Gens de Main-morte, & en attendant que nous ayons pourvû auxdits Greffes, Voulons que ceux qui feront par nous Commis en fassent la charge & fonction aux droits qui leur seront attribuez.

X V I.

Et pour donner moyen auxdits Greffiers de s'acquitter dignement de leurs Charges, & leur procurer un établissement fixe & certain, Ordonnons qu'il leur soit payé pour leur enregistrement de chaque contrat, ou extrait de Testament, contenant dona-

tion d'immeubles, donation d'un Benefice, Fondation à perpetuité de quelque Service Divin, moyennant un fonds ou une
rente, vingt sols à raison de chaque rolle du Contrat ou Testa-
ments qu'ils auront transcrit; & à l'égard des Contrats d'alienation, engagement, Transactions, Sentences, Arrests, Declarations, ils auront & prendront seulement dix sols par chaque
rolle, le rolle contenant deux pages, la page vingt-deux lignes,
& la ligne quinze sillabes : Deffendons auxdits Greffiers d'exiger ni recevoir plus grands droits sous quelque pretexte que ce
puisse estre, à peine de concussion.

XVII.

Avons pareillement attribué & attribuons auxdits Greffiers pour
droit d'enregistrement des Baux à ferme; sçavoir pour chaque
bail depuis vingt livres jusques à cent livres, trente sols; pour
ceux de cent livres jusques à trois cens livres, quarante-cinq
sols; pour ceux de trois cens livres jusques à six cens livres, trois
livres, pour les Baux de six cens livres jusques à mille livres,
quatre livres, & pour tous les Baux au-dessus de mille livre par
an, un denier pour livre du prix d'une année d'iceux, lesquels
droits leurs seront payez par les Fermiers & Preneurs lors de
l'enregistrement; & pour Baux qui seront de la somme de vingt
livres & au dessous, Deffendons auxdits Greffiers de prendre aucun droit pour leur enregistrement, sans que sous ce pretexte
les Preneurs & Fermiers desdits Baux puissent se dispenser de
l'enregistrement ordonné par le present Edit.

XVIII.

Et afin que lesdits Greffiers ou ceux qui seront commis à l'e-
xercice desdits Greffes, en attendant qu'il y ait esté pourvû, ne
puissent estre divertis de faire leurs fonctions, Nous les avons
exemptez & exemptons par le present Edit, de tous logemens
effectifs de Gens de Guerre, de la collecte des Tailles, Guet,
& Garde, & autres Charges publiques. Permettons à toutes
personnes de quelque qualité & condition qu'elles soient d'a-
cheter lesdits Offices, & de les faire exercer sur leurs simples
Procurations, sans qu'il soit besoin de Commission de Nous.

SI DONNONS EN MANDEMENT à nos amez & feaux
Conseillers les Gens tenans nostre Cour de Parlement, Chambre des Comptes, Cour des Aydes, & Grand Conseil à Paris, que
nostre present Edit ils ayent à faire lire, publier & registrer, &
le contenu en icelui garder & observer selon sa forme & teneur;

cessant

cessant & faisant cesser tous troubles & empéchemens qui pourroient estre mis ou donnez , nonobstant tous Edits , Declarations,
Ordonnances , Reglemens , & autres choses à ce contraires , auxquels Nous avons dérogé & dérogeons par nostre présent Edit, aux
copies duquel collationnées par l'un de nos amez & feaux Conseillers-Secretaires , Voulons que foy soit ajoûtée comme à l'Original , CAR tel est nostre plaisir. Et afin que ce soit chose ferme & stable à toûjours , nous y avons fait mettre nostre Seel.
Donné à Versailles au mois de Decembre , l'an de grace mil six
cens quatre-vingt-onze , & de nostre Regne le quarante-neuvié-
me. Signé , LOUIS. Et plus bas : Par le Roy, PHELYPEAUX.
Et à costé : Visa BOUCHERAT. Et scellé du grand Sceau de cire
verte , en lacs de soye rouge & verte.

*Registrées , Oüy & ce requerant le Procureur General du Roy ,
pour estre executées selon leur forme & teneur ; & copies collationnées envoyées dans les Sieges , Bailliages & Sénéchaussées du Ressort , pour y estre pareillement lües , publiées & registrées : Enjoint aux Substituts dudit Procureur General du Roy d'y tenir la
main , & d'en certifier la Cour dans un mois , suivant l'Arrest de
ce jour. A Paris en Parlement le 2. Janvier 1691.*
Signé, DU TILLET.

*Registrées en la Cour des Aydes , Oüy ce requerant & consen-
tant le Procureur General du Roy , pour estre executées selon leur
forme & teneur ; & ordonné que copies collationnées des présentes
Lettres , seront incessamment envoyées à la diligence dudit Procureur General ès Sieges des Elections & Greniers à Sel du Ressort
de la Cour , pour y estre lües & publiées , l'Audience tenant ; Enjoint aux Substituts dudit Procureur General esdits Sieges d'y tenir la main , & de certifier ladite Cour de leur diligence au mois.
A Paris les Chambres assemblées le 22. Janvier 1692.*
Signé, DU MOLIN.

*Lües & publiées en l'Audience du Grand Conseil du Roy , Oüy ,
ce requerant & consentant le Procureur General du Roy , ce jour-
d'hui 29. Janvier 1692. & enregistrées ès Registres dudit Conseil,
pour estre executées , gardées & observées selon leur forme & teneur , suivant l'Arrest rendu audit Conseil le 23 Janvier audit an.*
Signé. LENORMANT.

D

EXTRAIT DES REGISTRES DU GRAND CONSEIL
du Roy.

VEu par le Conseil les Lettres Patentes du Roy en forme d'Edit, portant creation en Titre d'Office formé & hereditaire du nombre de 400. Greffiers, qui seront nommez Greffiers des Domaines des Gens de Main-morte, pour estre établis dans les Villes & Bourgs situez dans les Dioceses du Royaume, Pays & Terres de l'obéïssance de Sa Majesté, qui seront distribuez par les Rolles qui en seront arrestez à proportion de la grandeur & de l'étenduë desdits Dioceses, contenant un Reglement pour les fonctions & droits desdits Greffiers, addressantes au Conseil, données à Versailles au mois de Decembre 1691. signées LOUIS, & plus bas: Par le Roy, PHELYPEAUX, & scellées du grand Sceau de cire verte, sur lacs de soye rouge & verte. Conclusions du Procureur General du Roy. LE CONSEIL a ordonné & ordonne que lesdites Lettres seront lûës & publiées en l'Audience, & enregistrées ès Registres dudit Conseil, pour estre executées, gardées & observées, selon leur forme & teneur. Fait audit Conseil, à Paris ce 23. Janvier 1692. Collationné. Signé, LENORMANT.

Collationné aux Originaux par Nous Conseiller Secretaire du Roy, Maison, Couronne de France & de ses Finances.

ARREST
DU CONSEIL D'ESTAT DU ROY.

Du 18. Decembre 1691.

*Qui ordonne l'execution des Edits du mois de Decembre 1691.
portant creation de Greffiers des Insinuations Ecclesiastiques
& des Domaines des Gens de Main-morte.*

Extrait des Registres du Conseil d'Estat.

LE ROY s'étant fait representer en son Conseil ses Edits du present mois de Decembre, par lesquels Sa Majesté a créé des Offices hereditaires de Greffiers des Insinuations Ecclesiastiques, de Greffiers des Domaines de Gens de Main-morte, d'Oeconomes Sequestres, & de Notaires Royaux & Apostoliques dans tous les Dioceses du Royaume, Terres & Seigneuries de l'obeïssance de Sa Majesté, aux exemptions, gages, attributions de droits & privileges portez par lesdits Edits; de la vente de tous lesquels Offices, & du recouvrement de la finance d'iceux, Sa Majesté par Resultat de son Conseil du onze Decembre present mois & an, auroit chargé Maistre Antoine Gatte Bourgeois de Paris aux conditions portées par icelui; & voulant accelerer la vente desdits Offices, & que lesdits Edits & Resultat soient executez. Oüy le rapport du Sieur Phelypeaux de Pontchartrain, Conseiller ordinaire au Conseil Royal, Controlleur General des Finances : SA MAJESTE' EN SON CONSEIL a ordonné & ordonne que les Edits du present mois, & le Resultat du onze Decembre seront executez selon leur forme & teneur, & en consequence que ledit Gatte, ses Procureurs ou Commis recevront la finance desdits Offices sur la Quittance du Receveur des Revenus Casuels, qui les lui delivrera sur les Recepissez de deux de ses Cautions, portant promesse de lui en fournir des Quittances du Tresor Royal à sa décharge, & les ampliations des Quittances de finance; les deux sols pour livre, de laquelle finance seront pareillement reçûs par ledit Gatte sur les Quittances de lui, ou de ses Procureurs & Commis, sans qu'ils soient

D ij

obligez d'en compter au Conseil ; Ordonne qu'en attendant la vente desdits Offices, ledit Gatte pourra commettre des personnes capables pour les exercer sur Commission du grand Sceau, qui lui seront à cette fin expediées sans frais, & lesdits Commis reçûs en toutes Cours & Jurisdictions, sans payer aucune chose, à peine de concussion; pour les frais de l'établissement desquels Commis, ledit Gatte joüira conformément ausdits Edits, comme pourroient faire les Titulaires de tous les droits & émolumens attribuez auxdits Offices, sans estre tenu d'en compter au Conseil ni ailleurs : A l'effet de quoi ceux qui font presentement les fonctions de Greffiers des Insinuations, remettront auxdits Commis ou Acquereurs quinzaine après la signification qui leur sera faite du present Arrest à personne ou domicile, tous leurs Registres, & ceux de leurs auteurs, dont ils prendront leurs recepissez au bas d'un inventaire, & jusques à ce sursis à la liquidation de leurs Offices, & au remboursement. Lesquels Commis joüiront encore des exemptions, prérogatives & privileges desdits Offices, tout ainsi que pourroient faire les Titulaires tant & si long-temps qu'ils en feront les fonctions; & à l'égard des gages attribuez auxdits Offices de Greffiers des Insinuations, & d'Oeconomes Sequestres, Ordonne Sa Majesté que ledit Gatte en joüira sur ses simples Quittances, & qu'à cet effet le fonds en sera fait dans les Etats de ses Domaines, à commencer du premier Janvier prochain jusques à la vente desdits Offices, sans estre tenu pareillement d'en compter au Conseil ni ailleurs; & pour le surplus des conditions portées par ledit Resultat, Ordonne qu'elles seront executées selon leur forme & teneur en vertu du present Arrest ; pour l'execution duquel toutes Lettres necessaires seront expediées. FAIT au Conseil d'Etat du Roy tenu à Versailles le dix-huitiéme jour de Decembre mil six cens quatre-vingt-onze. Collationné.

Signé, DE LAISTRE, avec paraphe.

ARREST

DU CONSEIL D'ESTAT DU ROY.

Du 8. Janvier 1692.

Portant Reglement pour le droit de Marc d'or , droit de Sceau , & frais de reception pour les Offices hereditaires de Greffiers des Infinuations Ecclefiafiques & Domaines des Gens de Main-morte.

Extrait des Regiftres du Conseil d'Etat.

LE ROY ayant par fes Edits des mois de Decembre dernier créé des Offices hereditaires de Greffiers des Infinuations Ecclefiaftiques , de Greffiers des Domaines de Gens de Main - morte , d'Oeconomes Sequeftres , & de Notaires Royaux & Apoftoliques dans tous les Diocefes du Royaume, Terres & Seigneuries de l'obéïffance de Sa Majefté; & voulant favorablement traiter ceux qui acquereront lefdits Offices , en modérant pour la premiere fois les droits de Marc d'or , les frais de provifion du Sceau , & de la reception ; en leur facilitant en outre l'emprunt des deniers qui leur feront neceffaires pour lefdites acquifitions : Oüy le rapport du Sieur Phelypeaux de Pontchartrain , Confeiller ordinaie au Confeil Royal , Controlleur General des Finances , SA MAJESTE' EN SON CONSEIL a ordonné & ordonne , que ceux qui acquereront lefdits Offices payeront, fçavoir , lefdits Greffiers des Infinuations Ecclefiaftiques , & les Oeconomes Sequeftres pour les droits du Marc d'or , quinze livres , pour ceux du Sceau compris l'augmentation établie par la Declaration du mois de May dernier, dix-huit livres; pour le droit du Garde des Rolles , fix livres; les Greffiers des Domaines de Gens de Main - morte , & les Notaires Royaux & Apoftoliques , payeront pour les droits du Marc d'or , dix livres; pour ceux du Sceau , compris l'augmentation portée par ladite Declaration , douze livres dix fols , & pour le droit du Garde des Rolles , quatre livres dix fols ; & pour leur reception ne payeront les uns ni les autres aucuns droits de Conclusions, d'Epices ni de Greffes, à l'exception desdits Greffiers des Insinuations, & Oeconomes, qui payeront seulement pour l'enregistrement de leurs Provisions, dans les Bureaux des Finances, vingt livres pour tous droits. Fait Sa Majesté défense aux Officiers desdits Bureaux d'exiger plus grande somme à peine de concussion; & afin que ceux qui presteront leurs deniers pour acquerir lesdits Offices puissent avoir un privilege & hypotheque special par preference sur iceux, ordonne Sa Majesté aux Receveurs de ses Revenus Casuels, d'en faire mention dans ses Quittances : Enjoint aux Sieurs Commissaires départis dans les Provinces, de tenir la main à l'execution du present Arrest. F a i t au Conseil d'Etat du Roy tenu à Versailles le huitiéme jour de Janvier mil six cens quatre-vingt-douze.

Signé, ROÜILLET.

DECLARATION DU ROY.

Du 16. Fevrier 1692.

En interpretation de l'Edit de creation de Greffiers des Insinuations Ecclesiastiques, ordonne que les Dispenses de Mariage, Publications de Bans, ensemble l'insinuation desdites Dispenses soient énoncées dans les Actes de celebrations de Mariage lors qu'ils seront enregistrez par les Curez ou Vicaires, à peine de cinquante livres d'amende.

Registrée en Parlement le 8. desdits mois & an.

LOUIS par la grace de Dieu, Roy de France & de Navarre : A tous ceux qui ces presentes Lettres verront, Salut. Par nostre Edit du mois de Decembre 1691. Nous avons créé des Offices de Greffiers des Insinuations Ecclesiastiques dans chaque Diocese de nostre Royaume, auxquels nous avons attribué des droits suivant le Tarif arresté en nostre Conseil le 11. du même mois, & entr'autres douze livres pour l'insinuation de chaque, d'un ou de deux Bans : Mais il nous a esté représenté qu'encore que l'insinuation desdites dispenses fasse une des plus considerables parties des émolumens desdits Officiers, cependant ils n'en retireroient pas tout le profit qu'ils en devroient attendre, parce que par l'article 19. dudit Edit Nous avions seulement ordonné une peine de nullité desdites dispenses de Bans faute de les faire insinuer, ce qui n'emporteroit aucune obligation de les faire insinuer à l'égard de toutes les personnes majeures, ni même des mineurs qui contracteroient mariage du consentement de leurs pere & mere, le défaut de publication de bans n'étant jugé essentiel pour la validité des mariages des personnes mineures, qu'ainsi la pluspart des contractans se dispenseroient impunément de ladite insinuation en fraude des droits attribuez auxdits Offices, & qu'à l'égard des dispenses des mariages, comme nous avons seulement ordonnez qu'elles seroient insinuées, autrement que les parties ne pourroient s'en aider devant nos Juges, les contractans ne se mettroient en peine de

les faire infinuer , qu'en cas que leur estat fust contesté , ce qui seroit un cas si rare que l'on peut dire que le droit des Officiers à
cet égard feroit abfolument aneanti , & qu'il feroit bien plus sûr
pour l'execution dudit Edit , & pour assujettir toutes fortes de perfonnes à faire infinuer lefdites difpenfes , au lieu des peines portées par l'Edit, de faire detfenfes aux Curez & aux Vicaires d'enregiftrer aucunes celebrations de mariages , que la difpenfé de mariage ou de bans , s'il y en avoit aucune , n'eust esté infinuée;
parce que par ce moyen tous les contractans qui auroient inte-
rest d'établir la preuve de leur mariage , en le faifant mettre fur
le regiftre , fe trouveroient obligez indifpenfablement de faire
infinuer lefdites difpenfes , au moyen dequoi les droits que nous
avons attribuez auxdits Officiers leurs feroient affeurez , & ne
pourroient estre fraudez : ce qui Nous ayant parû important pour
l'execution de noftredit Edit , & pour maintenir lefdits Officiers
dans la joüiffance entiere de tous lefdits droits. A CES CAUSES , de
noftre certaine fcience , pleine puiffance & autorité Royale , Nous
avons par ces Prefentes fignées de noftre main , en interpretant
autant que befoin feroit noftre Edit du mois de Decembre 1691.
dit & declaré , difons & déclarons , Voulons & Nous plaist qu'à
l'avenir , du jour de la publication des Prefentes , les difpenfes
de mariage & les publications de bans , ou les difpenfes
qui en auront esté obtenuës , enfemble l'infinuation defdites difpenfes foient énoncées dans les actes de celebration de mariage
lors qu'ils feront enregiftrez par les Curez ou Vicaires ; leur deffendons de mettre lefdits actes de célébration fur leurs Regiftres , fi lefdites difpenfes ne font infinuées , & fans y
faire mention defdites difpenfes de mariages & des publications de bans , ou des difpenfes qui en auront esté obtenuës , enfemble de l'infinuation defdites difpenfes & de fa datte , le tout
à peine de cinquante livres d'amende pour chaque contravention applicable aux Hôpitaux des lieux , au payement de laquelle ils pourront estre contraints par faifie de leur temporel,dérogeant
pour cet effet à l'article 19. de noftredit Edit du mois de Decembre 1691. lequel nous voulons au furplus estre executé felon fa
forme & teneur. SI DONNONS EN MANDEMENT à nos
Amez & Feaux Confeillers les Gens tenant noftre Cour de Parlement de Paris ; que ces Prefentes ils ayent à faire regiftrer ,
& le contenu en icelles garder & obferver felon leur forme &
teneur , nonobftant tous Edits , Declarations , Ordonnances ,
Reglemens

Reglemens & autres choses à ce contraires, auxquels Nous avons
dérogé & dérogeons par ces Presentes ; aux copies desquelles,
collationnées par l'un de nos Amez & Feaux Conseillers & Secretaires , Voulons que foy soit ajoûtée comme à l'Original ;
C A R tel est nostre plaisir : en témoin de quoi Nous avons fait
mettre nostre scel à cesdites Presentes. Donne' à Versailles le
16. jour de Février l'an de grace 1692. & de nostre Regne le qua-
rante-neuviéme. Signé , L O U I S. Et plus bas , Par le Roy , Phelypeaux. Et scellées du grand Sceau de cire jaune.

*Registrées , oüy & ce requerant le Procureur General du Roy ,
pour estre executées selon leur forme & teneur ; & copies collationnées envoyées dans les Bailliages & Sénéchaussées du Ressort , pour
y estre lües , publiées & enregistrées : Enjoint aux Substituts du
Procureur General du Roy d'y tenir la main , & d'en certifier la
Cour dans un mois , suivant l'Arrest de ce jour. A Paris en Parlement le 28. Janvier 1692.*

Signé Du Tillet.

E

ARREST

DU CONSEIL D'ESTAT DU ROY.

Du 18. Mars 1692.

Qui ordonne que les Beneficiers & Gens de Main-morte déclareront aux Greffiers qui seront établis la qualité & Consistance de leurs Domaines & biens, où ils sont situez, qui les tient à ferme, &c.

Extrait des Registres du Conseil d'Etat.

SUR la Requeste présentée au Roy en son Conseil, par Maître Antoine Gatte Bourgeois de Paris, chargé par Sa Majesté du recouvrement de la finance qui proviendra de la vente des Offices de Greffiers des Domaines des gens de Main-morte, crééz hereditaires par Edit du mois de Decembre dernier, pour estre établis dans toutes les Villes & Bourgs situez dans tous les Dioceses du Royaume, Païs, Terres, & Seigneuries de l'obéissance de Sa Majesté : Contenant que par ledit Edit il est expressément porté, que les gens de Main-morte qui font & feront valoir par leurs mains leur Domaine en tout ou en partie, feront une déclaration pardevant Notaires, de dix en dix ans, contenant les biens qu'ils exploiteront, & la valeur d'iceux, laquelle ils affirmeront veritable, & la feront registrer auxdits Greffes ; & à faute d'y satisfaire, ils y seront contraints à la diligence des Greffiers, par saisie de leur temporel : cependant lesdits Beneficiers & gens de Main-morte n'ont encore tenu aucun compte de faire ladite declaration, bien que le Suppliant ait commis à l'exploitation desdits Greffes, suivant le pouvoir qui lui en a esté accordé par Sa Majesté, fondé sur ce qu'il n'est point dit quand l'epoque desdites dix années commencera : qu'encore que les charges auxquelles les Preneurs font obligez par leurs Baux, fassent incontestablement partie du prix d'iceux, aucuns cependant prétendant s'en dispenser, & d'autres voulant se soustraire à l'execution de l'Edit, prétendent que les Baux sous seing privé , ou faits verbalement ne sont point sujets à l'enregistrement , ni par conséquent au payement des droits portez par l'Edit : A quoi il est nécessaire de pourvoir ; A ces causes , requeroit ledit Suppliant , qu'il plust à Sa Majesté , en interpretant ledit Edit , ordonner que les Beneficiers ou autres Gens de Main-morte , soit qu'ils afferment ou fassent valoir par leurs mains , leurs Domaines en tout ou partie : seront tenus de faire incessamment une déclaration au Greffe des Enregistremens , créez par ledit Edit , contenant la qualité de leurs Domaines & biens , leurs revenus , en quoi ils consistent , & où ils sont situez , avec les tenans & aboutissans , & les charges & droits qui leur sont dûs , ou qu'ils doivent pour raison d'iceux , & à quels titres ils les possedent , si c'est de l'ancien Domaine ou de nouvel acquest , par donation ou autrement , le nom de leurs Fermiers , la datte & le prix des Baux avec le nom du Notaire qui les aura passez , & ceux de la Ville ou Paroisse de sa demeure , & autres circonstances & dépendances : Et s'ils en font valoir quelques-uns par leurs mains , ils en feront dès à présent & à l'avenir , de dix en dix ans , une déclaration pardevant Notaires , laquelle ils feront registrer auxdits Greffes , conformément audit Edit , & en payeront les droits , le tout huitaine après la publication de l'Arrest qui interviendra , pour toutes préfixions & délais , & à peine de trois cens livres d'amende qui ne pourra estre remise , moderée ni reputée comminatoire , & applicable un tiers à l'Hospital , un tiers à Sa Majesté , & l'autre tiers auxdits Officiers : Comme aussi que tous les Notaires qui passeront des Baux ou autres Actes pour les gens de Main-morte , seront tenus de déclarer à la fin desdits Baux & Actes , qu'ils doivent estre registrez , faite deffenses tant auxdits Bénéficiers & autres gens de Main-morte qu'aux Notaires qui passeront leurs Baux ou Actes , de contrevenir à l'Arrest qui interviendra , sous même peine de trois cens livres d'amende , laquelle ne pourra pareillement estre reputée comminatoire , remise ni moderée sous quelque cause & prétexte que ce puisse estre , ordonner en outre que les droits seront payez pour raison des charges , dont les Domaines affermez seront chargez , comme faisant partie du prix d'iceux , de même que les Baux sous seing privé , ou verbalement faits , avec deffenses de donner aucunes contrelettres pour raison de ce , & qu'à faute de faire enregis-

E ij

trer à l'avenir tous ceux qui seront passez en quelque sorte & maniere que ce soit , les contrevenans encourront une pareil-le amende de trois cens livres, & autres peines portées par le-dit Edit : Et qu'à l'avenir tous les Notaires Royaux , & au-tres , seront tenus de déclarer dans tous les Baux qu'ils passe-ront pour les gens de Main-morte , qu'ils sont sujets à l'enre-gistrement , sous les mêmes peines. Enjoindre aux Sieurs In-tendans & Commissaires départis pour l'execution des ordres de Sa Majesté dans les Provinces ou Generalitez du Royaume, de tenir la main à ce que ledit Arrest soit executé selon sa for-me & teneur nonobstant oppositions ou autres empêchemens quelconques, pour lesquels ne sera differé. Vû ladite Requeste, l'Edit du mois de Décembre dernier : Oüy le rapport du Sieur Phelypeaux de Pontchartrain Conseiller ordinaire au Conseil Royal, Controlleur General des Finances. LE ROY EN SON CONSEIL , en interpretant , entant que besoin est ou seroit , ledit Edit , a ordonné & ordonne , Que les Beneficiers & au-tres gens de Main-morte , soit qu'ils afferment ou fassent valoir par leurs mains , leur Domaine en tout ou partie , seront tenus de faire une déclaration au Greffe des Enregistremens créez par ledit Edit , contenant la qualité de leurs Domaines & biens, leurs revenus, en quoi ils consistent & où ils sont situez , avec les tenans & aboutissans , & les charges & droits qui leur sont dûs , ou qu'ils doivent pour raison d'iceux , & à quel titre ils les possedent ; si c'est de l'ancien Domaine ou de nouvel acquest, par donation ou autrement , les noms de leurs Fermiers , la datte & le prix de leurs Baux , avec le nom du Notaire qui les aura passez , & celui de la Ville ou Paroisse de sa demeure , & autres circonstances & dépendances ; & s'ils en font valoir quelques-uns par leurs mains , ils en feront dès à present & à l'avenir, de dix en dix ans , une déclaration pardevant Notaire, laquelle déclaration ils feront registrer sur les Registres desdits Greffes, conformément audit Edit , & en payeront les droits d'enregis-trement , & ce huitaine après la publication du present Arrest, pour toutes préfixions & délais , le tout à peine de trois cens livres d'amende pour chaque contravention , qui ne pourra estre reputée comminatoire , remise , ni moderée pour quelque cause & pretexte que ce puisse estre ; & seront les contrevenans con-traints au payement d'icelle , en vertu du present Arrest , &

sans qu'il en soit besoin d'autres. Veut & ordonne en outre Sa Majesté, que les Notaires au Chastelet de Paris & tous ceux des autres lieux du Royaume, déclarent au bas des Baux ou Contrats qu'ils passeront pour les gens de Main-morte, que lesdits Baux & Actes sont sujets à l'enregistrement, sous même peine. Enjoint Sa Majesté aux Sieurs Intendans & Commissaires départis pour l'execution de ses ordres dans les Provinces & Généralitez du Royaume, de tenir la main à ce que le present Arrest soit executé selon sa forme & teneur, nonobstant opposition ou autres empêchemens quelconques, pour lesquels ne sera differé. FAIT au Conseil d'Etat du Roy, tenu à Versailles le dix-huitiéme jour de Mars 1692. Collationné.

Signé ROUILLET, & scellé.

A R R E S T

DU CONSEIL D'ESTAT DU ROY.

Du 18. Mars 1692.

Qui ordonne qu'il sera arresté un Rolle de la Finance de six Offi-
ces de Greffiers des Domaines des Gens de Main-morte, pour
estre établis & exercez dans six differentes Villes du Diocest
de Paris.

Extrait des Registres du Conseil d'Etat.

SUR la Requeste presentée au Roy en son Conseil par Maî-
tre Antoine Gatte, Bourgeois de Paris, chargé par Sa Majesté du recouvrement qui proviendra de la finance des quatre
cens Offices de Greffiers des Domaines des gens de Main-morte, créez hereditaires par Edit du mois de Decembre dernier
pour estre établis dans les Villes & Bourgs situez dans tous les
Dioceses du Royaume, Païs & Terres de l'obéïssance de Sa
Majesté, suivant & ainsi qu'ils seront distribuez par les Rolles
qui seront arrestez au Conseil, Contenant, qu'il se seroit presenté un particulier qui lui auroit fait sa soumission de lever ceux
pour le Diocese de Paris aux conditions suivantes ; Premiere-
ment, qu'il en seroit établi six pour estre exercez dans six differentes Villes dudit Diocese, avec faculté au proprietaire d'i-
ceux d'en joüir conjointement par une seule & même provision,
comme d'un seul corps d'Office, & d'en faire les fonctions dans
celle desdites Villes qui sera le plus convenable, ou de les desunir & en disposer de tout ou de partie en faveur de qui bon
lui semblera, sans qu'à la premiere mutation ses Resignataires
soient tenus de payer plus grand droit au Marc d'or, ni aux
Officiers du Sceau, que ceux portez par l'arrest du Conseil du
8. Janvier 1692. En second lieu, que tant que ledit particulier
joüira desdits Offices par une seule provision, il lui sera permis
de commettre sur ses simples procurations à l'exercice de ceux
dont il n'aura pas disposé, & que ses Commis joüiront des privileges & exemptions portez par ledit Edit : pourquoi le Sup-

pliant requiert lui estre sur ce pourvû, afin d'accelerer le debit desdits Offices. V E U ladite Requeste & soumission y énoncée. Oüy le rapport du Sieur Phelypeaux de Pontchartrain Conseiller ordinaire au Conseil Royal, Controlleur General des Finances : LE ROY EN SON CONSEIL ayant égard à ladite Requeste, a ordonné & ordonne qu'il sera arresté un Rolle de la finance de six Offices, pour estre établis & exercez dans six differentes Villes du Diocese de Paris, dont le proprietaire d'iceux pourra joüir conjointement par une seule & même provision, comme d'un seul corps d'Office, & en faire les fonctions dans celle desdites Villes qui sera la plus convenable, ou de les désunir & en disposer de tout ou de partie en faveur de qui bon lui semblera, sans qu'à la premiere mutation ses Resignataires soient tenus de payer plus grands droits au Marc d'or, ni aux Officiers du Sceau, que ceux portez par l'Arrest du Conseil du 8. Janvier 1691. & que tant que le proprietaire desdits Offices en joüira conjointement par une seule provision comme d'un seul corps d'Office, il lui sera permis de commettre sur ses simples procurations, à ceux desdits Offices dont il n'aura pas disposé ; auquel cas ses Commis joüiront des privileges & exemptions portez par ledit Edit, de maniere neanmoins qu'il n'y ait pour lesdits six Offices, que six personnes qui joüissent desdits privileges & exemptions. F A I T au Conseil d'Etat du Roy, tenu à Versailles le 18. Mars 1691. Collationné.

Signé, R O U I L L E T. Et scellé.

ARREST
DU CONSEIL D'ESTAT DU ROY.

Du 19. Juillet 1692.

Ordonne que tous les Beneficiers & autres Gens de Main-morte qui font valoir leurs Domaines par leurs mains en feront leurs declarations.

Extrait des Regiſtres du Conſeil d'Etat.

SUR la Requeſte preſentée au Roy en ſon Conſeil par Maî-tre Antoine Gatte, chargé par Sa Majeſté du recouvre-ment de la finance qui doit provenir de la vente des Offices de Greffiers enregiſtrateurs des Domaines de Gens de Main-morte créez par Edit du mois de Decembre dernier ; Conte-nant que par Arreſt du Conſeil du dix-huitiéme Mars auſſi der-nier, il a eſté ordonné que conformément à l'Article XIV. du-dit Edit, les Eccleſiaſtiques & Gens de Main-morte qui feront valoir leurs Domaines & biens par leurs mains, en feront une déclaration pardevant Notaires contenant la valeur & revenu d'iceux, laquelle ils feront inceſſamment regiſtrer au Greffe des Domaines deſdits Gens de Main-morte, ce qu'ils continuëront à l'avenir de dix en dix ans, & en payeront les droits ; mais que comme on a obmis de les regler, il ſurvient tous les jours des conteſtations ſur ce ſujet entre les Beneficiers & Gens de Main-morte, & ceux qui ont acquis aucuns deſdits Offices, ou qui ſont commis à l'exercice d'iceux, en attendant la vente, qui ſont préjudiciables aux intereſts de Sa Majeſté, en ce qu'elles empêchent le debit deſdits Offices, parce que les particuliers qui penſent à s'en faire pourvoir, en ſont détournez dans la crainte d'eſtre obligez d'eſſuyer ces conteſtations : A quoi il eſt abſolument neceſſaire de pourvoir. A CES CAUSES, reque-roit le Suppliant qu'il plût à Sa Majeſté ordonner que l'Edit du mois de Decembre dernier, & l'Arreſt du dix-huitiéme Mars enſuivant feront executez ſelon leur forme & teneur ; & en conſequence que les Beneficiers ou Gens de Main-morte

qui

qui font valoir leurs Domaines & biens par leurs mains en feront des déclarations pardevant Notaires , qu'ils feront inceſſamment regiſtrer au Greffe des Domaines des Gens de Main-morte , dans l'étenduë duquel leſdits biens ſe trouveront ſituez , conformément à l'Article X I V. dudit Edit , & au ſuſdit Arreſt ,
& qu'ils payeront pour l'enregiſtrement d'icelles les droits portez par l'Article XVII. dudit Edit ; faire deffenſes aux pourvûs
deſdits Offices ou Commis à l'exercice d'iceux en attendant la
vente , d'exiger pour l'enregiſtrement deſdites déclarations ,
d'autres & plus grands droits que ceux portez par ledit Article
XVII. dudit Edit , à peine de concuſſion , de reſtitution du quatruple , & de cent livres d'amende pour chaque contravention;
enjoindre aux Sieurs Commiſſaires & Intendans départis dans les
Provinces ou Generalitez du Royaume pour l'execution des ordres de Sa Majeſté de tenir la main à ce que l'Arreſt qui interviendra ſoit executé ſelon ſa forme & teneur , ſans ſouffrir qu'il
y ſoit contrevenu en aucune ſorte & maniere que ce puiſſe eſtre.
Ouy le rapport du Sieur Phelypeaux de Pontchartrain , Conſeiller ordinaire au Conſeil Royal , Controlleur General des Finances : LE ROY EN SON CONSEIL , a ordonné & ordonne que l'Edit du mois de Decembre dernier , & l'Arreſt du dix-
huitiéme Mars enſuivant feront executez ſelon leur forme & teneur ; & en conſequence que tous les Beneficiers ou autres Gens
de Main-morte , qui font valoir leurs Domaines & biens par
leurs mains , en feront des déclarations pardevant Notaires ,
contenant la qualité , conſiſtance & revenu d'iceux , qu'ils feront inceſſamment regiſtrer au Greffe des Domaines des Gens
de Main-morte , dans l'étenduë duquel leſdits Domaines & biens
ſe trouveront ſituez , conformément à l'Article XIV. dudit E-
dit , & au ſuſdit Arreſt , & qu'ils payeront pour l'enregiſtrement
deſdites déclarations les droits portez par l'Article XVII. du
même Edit. Fait Sa Majeſté deffenſes aux pourvûs deſdits Offices , ou Commis à l'exercice d'iceux en attendant la vente , d'exiger de plus grands droits d'enregiſtrement que ceux portez par
le ſuſdit Article XVII. dudit Edit , à peine de concuſſion , reſtitution du quatruple & de cent livres d'amende. Enjoint Sa Majeſté aux Sieurs Intendans ou Commiſſaires départis pour l'execution de ſes ordres dans les Provinces ou Generalitez , de tenir la main à ce que le preſent Arreſt ſoit executé ſelon ſa forme & teneur , ſans ſouffrir qu'il y ſoit contrevenu en aucune

forte & maniere que ce puisse estre ; nonobstant oppositions ou
autres empêchemens quelconques, pour lesquels ne sera differé.
Fait au Conseil d'Etat du Roy, tenu à Versailles le dix-neuviéme jour de Juillet mil six cens quatre-vingt-douze. Collationné.
Signé, RANCHIN.

ARREST

DU CONSEIL D'ESTAT DU ROY.

Du 2. Septembre 1692.

*Ordonne que tous les Baux passez pardevant Notaires ou sous seing
privé seront enregistrez, & que ceux qui feront valoir leurs
biens par leurs mains en feront leurs déclarations.*

Extrait des Registres du Conseil d'Etat.

SA Majesté ayant esté informée qu'il survient plusieurs contestations au sujet de l'établissement des Greffiers des Domaines des Gens de Main-morte, qui proviennent de ce que ; 1º. par
l'Edit de leur creation du mois de Decembre dernier, il n'est
point expliqué de quelle maniere les Baux & Declarations qui
doivent y estre faites, seront registrées ; si ce sera au Greffe de
chacun Diocese dans l'étenduë duquel les biens des Beneficiers
& Gens de Main-morte seront assis ; ou à celui de chacun
Diocese où le Chef-lieu desdits Benefices, ou des Communautez des gens de Main-morte se trouveront situez ; 2º. de ce que la
plufpart des Fermiers desdits biens qui les occupent en vertu de
Baux sous seing privé, ou verbalement faits, ou sur la clause de
tacite reconduction, prétendent n'estre tenus d'aucuns enregistremens ; & en troisiéme lieu, que les Administrateurs des Hôpitaux, & les Maires & Echevins des Villes & Communautez
du Royaume, prétendent aussi n'estre point tenus de faire les
déclarations de leurs biens, non plus que leurs Fermiers lesdits
enregistremens. Sur toutes lesquelles contestations Sa Majesté
désirant pourvoir ; Oüy le Rapport du Sieur Phelypeaux de Pontchartrain, Conseiller ordinaire au Conseil Royal, Controlleur
General des Finances : LE ROY EN SON CONSEIL, en interpretant, en tant que besoin est ou seroit, l'Edit du mois de

Decembre dernier, ordonne que les Fermiers des Archevêchez, Evêchez, Abbayes, Prieurez, Doyennez, Prévoſtez, Chapitres, Monaſteres, Hôpitaux, deniers communs, d'octroy, ou patrimoniaux de toutes les Villes, Bourgs, Bourgades & autres Communautez du Royaume, & de tous les autres biens des Gens de Main-morte, ſeront tenus de faire regiſtrer tous leurs Baux courans, ou ceux qui ſeront faits à l'avenir, ſoit qu'ils ſoient paſſez devant Notaires, ou faits ſous ſeing privé, conformément à l'Article XII. dudit Edit, au Greffe qui ſera établi dans chacun Dioceſe, où les Chefs-lieux des Benefices & Communautez de Gens de Main-morte ſe trouveront ſituez. Ordonne pareillement Sa Majeſté, que tous leſdits Beneficiers & Gens de Main-morte generalement quelconques, ſans aucuns excepter, qui feront valoir par leurs mains leurs Domaines & Biens, en feront leurs déclarations, conformément aux Arreſts des dix-huit Mars & dix-neuf Juillet derniers, pardevant Notaires, dans leſquelles ils comprendront généralement tous les biens qu'ils font valoir par leurs mains, la ſituation d'iceux, leur conſiſtance, ſoit anciens Domaines, nouveaux acqueſts, ou rentes conſtituées, les maiſons qu'ils occupent, qui feront partie des biens des Benefices, ou des Domaines des Gens de Main-morte, & leur valeur annuelle, à la reſerve neanmoins des Preſbyteres & Cloſtures des Maiſons Religieuſes qu'ils occupent par eux-mêmes ; leſquelles déclarations ils feront pareillement regiſtrer au Greffe qui ſera établi dans chacun Dioceſe, dans l'étenduë duquel les Chefs-lieux des Benefices & Communautez de Main-morte ſe trouveront ſituez. Pour raiſon de l'enregiſtrement deſquels Baux & Déclarations, il ſera payé auxdits Greffiers les droits portez par l'Article XVII. dudit Edit, toutes charges compriſes. Ordonne en outre Sa Majeſté, que ceux qui occuperont des maiſons ou autres biens des Benefices, ou du Domaine des Gens de Main-morte, ſur conventions ou baux verbalement faits, ou ſur la clauſe de tacite reconduction, ſeront tenus d'en faire leurs déclarations, leſquelles ils renouvelleront tous les neuf ans, ſi tant durent leſdits Baux, convention ou clauſe de tacite reconduction ; leſquelles déclarations ils feront regiſtrer auxdits Greffes, & en payeront les droits conformément audit Article XVII. dudit Edit. Fait Sa Majeſté deffenſes à tous les Beneficiers, Gens de Main-morte, leurs Fermiers, Locataires, & toutes autres perſonnes

F ij

que ce puiſſe eſtre , de contrevenir au preſent Arreſt , à peine de trois cens livres d'amende , applicable moitié à Sa Majeſté, & l'autre moitié aux Officiers , au préjudice deſquels la contravention ſe trouvera avoir eſté faite , ſans que cette peine puiſſe eſtre reputée comminatoire , remiſe ni moderée ſous quelque cauſe & prétexte que ce puiſſe eſtre. Fait pareillement Sa Majeſté deffenſes auxdits Greffiers d'entreprendre ſur les fonctions les uns des autres , ſous pareilles peines. Enjoint Sa Majeſté aux Sieurs Intendans & Commiſſaires départis pour l'execution de ſes ordres dans les Provinces & Generalitez du Royaume , de tenir la main à ce que le preſent Arreſt ſoit executé ſelon ſa forme & teneur , ſans ſouffrir qu'il y ſoit contrevenu, & ce nonobſtant oppoſitions ou autres empéchemens quelconques, pour leſquels ne ſera differé. Fait au Conſeil d'Etat du Roy tenu à Verſailles le deuxiéme jour de Septembre mil ſix cens quatre-vingt douze. Collationné.

Signé, RANCHIN.

ARREST
DU CONSEIL D'ESTAT DU ROY,

Du 2. Septembre 1692.

Ordonne que les Greffiers des Insinuations Ecclesiastiques pourront prendre communication des Registres sur lesquels les Secretaires des Archevêques & Evêques Enregistrent les Actes qu'ils délivrent, sujets à l'insinuation.

Extrait des Registres du Conseil d'Etat.

SA Majesté ayant esté informée que l'Edit de creation des Offices de Greffiers des Insinuations Ecclesiastiques n'avoit presque pas d'execution dans la plûpart des Dioceses du Royaume où ils sont établis, en ce qu'il est impossible que ceux qui sont pourvûs de ces Offices, ou qui les exercent par commission en attendant la vente, puissent découvrir les contraventions qui sont faites à leur préjudice. A quoi désirant pourvoir : Oüy le Rapport du Sieur Phelypeaux de Pontchartrain, Conseiller ordinaire au Conseil Royal, Controlleur Général des Finances : SA MAJESTE' EN SON CONSEIL, a ordonné & ordonne que les Pourvûs desdits Offices ou Commis à l'exercice d'iceux en attendant la vente, pourront prendre toutes fois & quantes que bon leur semblera, communication des Registres sur lesquels les Secretaires des Archevêques & Evêques enregistrent les Actes qu'ils délivrent, sujets à l'Insinuation ; ensemble de ceux des Secretaires des Chapitres, & de tous autres Collateurs de Benefices généralement quelconques, même des Patrons Laïques ; ceux des Chapitres & Communautez Ecclesiastiques ; des Notaires Royaux, Apostoliques, & Banquiers Expeditionnaires en Cour de Rome. Leur enjoint Sa Majesté de representer aux Pourvûs desdits Offices ou Commis à l'exercice d'iceux, leursdits Registres, sitost qu'ils en seront requis, & de leur en délivrer tous les extraits dont ils auront

besoin en leur payant un sol pour chacun Extrait en ce non
compris le coust du Papier, le tout à peine de trois cens livres d'amende, applicable moitié à l'Hôpital & l'autre auxdits Officiers ou Commis, sans que cette peine puisse estre reputée comminatoire, remise ni moderée sous quelque cause &
prétexte que ce puisse estre. Enjoint aussi Sa Majesté aux Sieurs
Intendans & Commissaires départis pour l'execution de ses ordres dans les Provinces & Generalitez du Royaume de tenir
la main à l'execution du present Arrest, sans souffrir qu'il y
soit contrevenu en aucune sorte & maniere que ce puisse estre,
nonobstant oppositions ou autres empêchemens quelconques,
pour lesquels ne sera differé. Fait au Conseil d'Etat du Roy,
tenu à Versailles le deuxiéme jour de Septembre mil six cens
quatre-vingt-douze. Collationné.

Signé, RANCHIN

ARREST
DU CONSEIL D'ESTAT DU ROY.

Du 17. Mars 1693.

Ordonne que les Baux des Deniers communs, Patrimoniaux, &
d'Octroys des Villes & Communautez Laïques seront Enre-
gistrez aux Greffes des Domaines des Gens de Main-morte.

Extrait des Registres du Conseil d'Etat.

SUR la Requeste presentée au Roy en son Conseil par Antoine Gatte, chargé par Sa Majesté du recouvrement de la
Finance qui doit provenir de la vente des Offices de Greffiers
des Domaines des Gens de Main-morte ; Contenant que Sa Majesté auroit par son Edit du mois de Decembre 1691. créé & érigé en titre d'Offices formez & hereditaires des Offices de Greffiers des Domaines des Gens de Main-morte pour enregistrer
tous les Baux qui seroient faits, tant par les Ecclesiastiques &
Communautez Regulieres & Seculieres, que par les Communautez Laïques ; en consequence duquel Edit Sa Majesté auroit
par Arrest de son Conseil du deux Septembre dernier, ordonné que les Fermiers, tant des deniers d'Octrois & Patrimoniaux
des Villes, que ceux des autres Communautez, seroient tenus
de faire enregistrer leurs Baux conformément audit Edit, soit
qu'ils fussent pardevant Notaires, ou faits sous seings privez,
sur quoi contestation seroit muë entre le nommé Picard Fermier des deniers communs, Patrimoniaux & d'Octrois de la
Ville d'Orleans, & le nommé Guerin Commis à l'exercice desdits Offices, ledit Picard pretendant que l'adjudication de son
Bail ayant esté faite par le Sieur de Creil Commissaire départi
en la Generalité d'Orleans, il n'estoit point sujet à le faire enregistrer : laquelle contestation ayant esté portée pardevant ledit
Sieur de Creil, il auroit rendu son Ordonnance le six Fevrier
dernier, par laquelle il auroit déchargé ledit Picard de l'enregistrement de son Bail. A ces causes, requeroit le Suppliant
qu'il plut à Sa Majesté ordonner que toute sortes de Baux, soit

qu'ils soient faits pardevant Notaires , sous seings privez , ou par adjudication devant lesdits Sieurs Commissaires départis dans les Provinces , seront enregistrez , & les droits payez conformément auxdits Edit & Arrest du deux Septembre dernier. Oüy le Rapport du Sieur Phelypeaux de Pontchartrain , Conseiller ordinaire au Conseil Royal , Controlleur General des Finances : LE ROY EN SON CONSEIL a ordonné & ordonne que l'Edit du mois de Decembre 1691. & Arrest du deux Septembre 1692. seront executez selon leur forme & teneur , & que conformément à iceux les Baux des deniers communs , Patrimoniaux & d'Octrois des Villes & Communautez Laïques, soit qu'ils soient faits pardevant Notaires , sous seings privez , ou pardevant les Sieurs Commissaires départis dans les Generalitez , seront enregistrez, & les droits payez conformement auxdits Edit & Arrest du deux Septembre dernier; & en consequence sans avoir égard à l'Ordonnance dudit Sieur de Creil du six Fevrier dernier , ordonne que ledit Picard fera enregistrer le Bail à lui fait des deniers communs , Patrimoniaux & d'Octrois de la Ville d'Orleans , & payera les droits , conformement audit Edit ; & sera le present Arrest executé nonobstant oppositions ou appellations quelconques , dont si aucuns interviennent , Sa Majesté s'en reserve la connoissance. Fait au Conseil d'Etat du Roy tenu à Versailles le dix-septiéme jour de Mars mil six cens quatre-vingt-treize. Collationné. Signé : ROUILLET.

ARREST

ARREST

DU CONSEIL D'ESTAT DU ROY.

Du 26. Janvier 1694.

Ordonne que les Gens de Main-morte comprendront dans les décla-
rations de leurs biens , leurs dixmes , rentes foncieres à Bail
d'heritages , hypothequaires , & constituées à prix d'argent ou
autrement, & generalement tous leurs autres Domaines & biens de
quelque nature qu'ils soient.

Extrait des Registres du Conseil d'Etat.

L E Roy ayant par Edit du mois de Decembre 1691 créé des
Offices de Greffiers des Domaines de Gens de Main-morte,
pour estre établis dans toutes les Villes & Bourgs situez dans tous
les Dioceses du Royaume , Païs , Terres & Seigneuries de l'obéïssance de Sa Majesté , Elle a par le même Edit & par les Arrests
rendus en consequence les 18. Mars, 19. Juillet , & 2. Septembre
1692. ordonné que les Gens de Main-morte seroient tenus de
fournir aux Greffes des Domaines des Gens de Main-morte des déclarations generales de tous leurs Domaines & biens , soit qu'ils
les eussent donnez à ferme ou qu'ils les fissent valoir par leurs
mains ; & quoi que les dispositions desdits Edit & Arrests ne puissent recevoir aucune difficulté , Sa Majesté a esté neanmoins informée que plusieurs Beneficiers , & autres gens de Main-morte
prétendent que toutes les natures de biens n'estant pas nommé-
ment exprimées dans lesdits Edit & Arrests, ils peuvent se dispenser de comprendre dans les déclarations qu'ils fournissent leurs
dixmes , rentes foncieres à Bail d'heritage , & constituées à prix
d'argent , fondations , & autres biens , en sorte que le Commis
de Maistre Antoine Gatte chargé du recouvrement de la finance
du prix desdits Offices ayant été obligé de faire saisir le temporel
du Sieur Soulas Curé de Vaux , & du Chapitre de l'Eglise de Nô-
tre-Dame de la Ville de Melun Diocese de Sens ; pour sûreté des
droits & des amendes par eux encouruës , & les contestations
ayant esté portées devant le Sieur Gacon Prevost de Melun , Sub-

delegué du Sieur Intendant en la Generalité de Paris, il a rendu son Ordonnance le 12. Decembre 1692. portant que Gatte se pourvoiroit au Conseil en explication de celui du deux Septembre 1692. & pour y faire ordonner que ledit Soulas, & ledit Chapitre seroient tenus de comprendre dans leurs déclarations les dixmes, rentes foncieres & constituées dont ils jouissent, & d'en payer les droits d'enregistrement, & cependant main-levée des saisies à leur caution juratoire. A quoi Sa Majesté désirant pourvoir ; Oüy le rapport du Sieur Phelypeaux de Pontchartrain, Conseiller ordinaire au Conseil Royal, Controlleur General des Finances : LE ROY EN SON CONSEIL, a ordonné & ordonne que ledit Edit du mois de Decembre 1691. & les Arrests du Conseil desdits jours 18. Mars, 19. Juillet, & 2. Septembre 1692. seront executez selon leur forme & teneur ; ce faisant, que sans avoir égard aux Jugemens dudit Sieur Gacon Prevost de Melun du 12. Decembre ensuivant, le Sieur Soulas, & les Doyen, Chantre, Chanoines, & Chapitre de l'Eglise Nostre-Dame de Melun, ensemble tous les autres Beneficiers & autres Gens de Main-morte des Dioceses du Royaume, Pais, Terres & Seigneuries sous l'obéïssance de Sa Majesté, seront tenus de comprendre dans les déclarations qu'ils doivent fournir aux Greffes qui y sont établis, leurs dixmes, rentes foncieres à Bail d'heritages, hypothequaires, & constituées à prix d'argent, ou autrement (& encore bien que par les coûtumes des lieux lesdires rentes soient reputées meubles) fondations, obits, & generalement tous leurs autres Domaines & biens de quelque nature qu'ils soient, sans aucuns excepter, à la reserve toutefois des rentes constituées sur l'Hôtel de Ville de Paris. Enjoint Sa Majesté aux Sieurs Intendans & Commissaires départis pour l'execution de ses ordres dans les Provinces & Generalitez du Royaume de tenir la main à ce que le present Arrest soit executé selon sa forme & teneur, sans qu'il y soit contrevenu en aucune sorte & maniere que ce puisse estre, nonobstant oppositions & autres empêchemens quelconques, pour lesquels ne sera differé, & dont si aucuns interviennent Sa Majesté s'en est reservé la connoissance, & icelle a interdite à toutes ses autres Cours & Juges. Fait au Conseil d'Etat du Roy, tenu à Versailles le vingt-sixiéme jour de Janvier mil six cens quatre-vingt-quatorze. Collationné. Signé, GOUJON.

ARREST

DU CONSEIL D'ESTAT DU ROY

Du 9. Fevrier 1694.

Ordonne que toutes les contestations qui naîtront pour raison des fonctions des Offices de Greffiers des Domaines des Gens de Main-morte, seront poursuivies & décidées pardevant les Juges Royaux des lieux où lesdits Greffes sont établis, ou pardevant les plus prochains Juges Royaux desdits lieux.

Extrait des Registres du Conseil d'Etat.

LE Roy ayant par son Edit du mois de Decembre mil six cens quatre-vingt-onze créé des Offices de Greffiers des Domaines de Gens de Main-morte dans chacun des Dioceses du Royaume, Païs, Terres, & Seigneuries de son obéïssance pour tenir Registre de toutes les alienations & acquisitions que feront les gens de Main-morte, & de tous les autres Actes concernant leurs possessions : Et Sa Majesté estant informée qu'il y a dans l'étenduë de chacun Diocese, quantité de Jurisdictions dans lesquelles les particuliers qui sont déja pourvûs, ou qui se feront pourvoir desdits Offices, pourroient estre journellement traduits par les gens de Main-morte, & leurs Fermiers, & autres contrevenans à l'execution dudit Edit, & des Arrests rendus en consequence les dix-huit Mars, dix-neuf Juillet & deuxiéme Septembre mil six cens quatre-vingt-douze, sous pretexte qu'ils ne seroient pas Justiciables des Juges des lieux où lesdits Greffes sont établis ; de maniere que cela jetteroit les pourvûs desdits Offices dans la necessité de soûtenir plusieurs procès en même temps dans differentes Jurisdictions, & les empêcheroit par consequent de faire leurs fonctions avec toute l'assiduité necessaire pour s'en bien acquitter ; ce qui est contraire aux intentions de Sa Majesté. A quoi désirant pourvoir; Oüy le rapport du Sieur Phelypeaux de Pontchartrain Conseiller Ordinaire au Conseil Royal, Controlleur General des Finanees : SA MAJESTE' EN SON CONSEIL a ordonné, & ordonne que toutes les contestations qui naîtront pour raison des fonctions desdits Offices de Greffiers des Domaines des gens de Main-morte créez par Edit du mois de Decembre mil six cens quatre-vingt-onze, seront poursuivies, & décidées pardevant les Juges Royaux des lieux où lesdits Greffes sont établis, ou pardevant les plus prochains Juges Royaux desdits lieux ; & ce qui sera par eux ordonné, executé nonobstant oppositions, ou appellations quelconques, & pour lesquelles ne sera differé. Fait Sa Majesté deffenses à toutes sortes de personnes de se pourvoir pour raison de ce ailleurs que pardevant lesdits Juges, à peine de nullité des Jugemens, de trois cens livres d'amende, & de tous dépens, dommages, & interests, & à tous autres Juges d'en connoistre sous les mêmes peines. Fait au Conseil d'Etat du Roy, tenu à Versailles le neuviéme jour de Fevrier mil six cens quatre-vingt-quatorze. Collationné.

Signé, GOUJON.

Collationné à l'Original par Nous Conseiller-Secretaire du Roy, Maison, Couronne de France, & de ses Finances.

ARREST
DU CONSEIL D'ESTAT DU ROY.

Du 13. Decembre 1695.

Ordonne qu'il sera passé des Baux pardevant Notaires des revenus de tous les biens des Gens de Main-morte.

Extrait des Registres du Conseil d'Etat.

LE Roy étant informé qu'encore que tous les Beneficiers & Ecclesiastiques, les Maires, Echevins des Villes, les Marguilliers & Administrateurs des Hôpitaux, Universitez, Facultez, Colleges, Confrairies, Paroisses, Communautez Regulieres, Seculieres & autres gens de Main-morte, soient obligez de passer des Baux en bonne forme pardevant Notaires de tous leurs revenus, conformement aux Ordonnances de Sa Majesté & des Rois ses Predecesseurs, pour empêcher les fraudes, malversations & entreprises qui pourroient estre faites sur les biens desdits gens de Main-morte, neanmoins la plûpart d'entre eux pour empêcher l'execution de l'Edit du mois de Decembre 1691. portant creation desdits Greffiers des Enregistremens des Domaines & biens des gens de Main-morte, & celui du mois de Mars 1693. portant établissement du Controlle des Actes des Notaires, ont depuis entrepris de changer l'usage qui se pratiquoit avant lesdits Edits, qui étoit qu'après avoir reçû les offres faites sur les revenus de leurs Fermes, Dixmes & autres biens, ils en faisoient les Baux pardevant Notaires, & qu'au lieu de ce faire ils font presentement faire des publications, reçoivent les offres & encheres, & après qu'elles sont faites, au lieu de faire passer lesdits baux, ils se contentent de prendre des reconnoissances ou billets sous seings privez, mêmes aucuns d'eux, notamment dans les Hôtels des Villes & Communautez, font faire des adjudications qu'ils font expedier par leurs Greffiers, au lieu de faire passer des Baux comme ils faisoient cy-devant; ce qui étant contraire à l'usage, aux Ordonnances & Edits, & aux intentions de Sa Majesté, elle se seroit fait representer en son Conseil lesdites Ordonnances & Edits. Lesquels

G iij

vûs & examinez , & oüy le rapport du Sieur Phelypeaux de Pont-chartrain , Conseiller ordinaire au Conseil Royal , Control-leur General des Finances : SA MAJESTE' EN SON CONSEIL , a ordonné & ordonne qu'il sera passé des Baux pardevant Notaires de tous les revenus des biens dépendans de tous les Benefices , & de ceux des Eglises , Commanderies , Hô-pitaux , Universitez , Facultez , Colleges , Fabriques , Confrairies , Maires , Echevins des Villes , & de toutes les Communautez Se-culieres ou Regulieres , & autres gens de Main-morte , sans au-cuns excepter , & lesdits Baux registrez aux Greffes des Greffiers desdits gens de Main-morte , & controllez conformement à l'E-dit du mois de Mars 1693. à l'exception seulement des adjudica-tions qui seront faites des revenus des biens desdites Communau-tez par les Sieurs Commissaires départis , le tout à peine de nullité des actes , & de deux cens livres d'amende pour chaque contraven-tion , sans que lesdits Ecclesiastiques & gens de Main-morte puis-sent exercer aucunes contraintes , faire poursuites en Justice con-tre les Fermiers ; ni avoir aucun privilege ni hypoteque sur leurs personnes ou biens , si lesdits Baux ne sont passez pardevant No-taires , & duëment controllez ; faisant Sa Majesté deffenses à tous Juges d'y avoir égard , & à tous Huissiers & Sergens de faire au-cuns Exploits ni autres Actes pour raison de ce. Enjoint Sa Ma-jesté aux Commissaires par elle départis dans les Provinces ou Generalitez du Royaume de tenir la main à l'execution du pre-sent Arrest , lequel sera publié & affiché par tout où besoin sera , & executé nonobstant oppositions, appellations , ou empêchemens quelconques , & sans préjudice d'iceux. Fait au Conseil d'Etat du Roy, tenu à Versailles le treiziéme jour de Decembre mil six cens quatre-vingt quinze. Collationné. Signé, DE LAISTRE.

ARREST

DU CONSEIL D'ESTAT DU ROY.

Du 11. Fevrier 1697.

Ordonne l'enregiſtrement des ventes des bois Taillis.

Extrait des Regiſtres du Conſeil d'Etat.

SA Majeſté ayant eſté informée que les Particuliers auxquels les Beneficiers & autres Gens de Main-morte font des ventes & adjudications, ſoit de Bois taillis dont la coupe ſe fait tous les neuf ans ou environ, ou de Bois taillis ſur futaye, dont la coupe ſe fait tous les vingt ou trente ans & plus, refuſent d'en fournir les Actes aux Greffes des Domaines des Gens de Main-morte, créez par Edit du mois de Decembre 1691. pour eſtre regiſtrez ; & les droits d'enregiſtrement payez conformement à icelui, & aux Arreſts rendus en conſequence, ſous pretexte qu'il n'y eſt point fait mention deſdites ventes & adjudications, ce qui cauſe des conteſtations entre les Pourvûs deſdits Greffes & leſdits Particuliers : Auxquelles Sa Majeſté deſirant remedier ; Oüy le Rapport du Sieur Phelypeaux de Pontchartrain, Conſeiller ordinaire au Conſeil Royal, Controlleur General des Finances : LE ROY EN SON CONSEIL, en interpretant, en tant que beſoin eſt ou ſeroit, ledit Edit du mois de Decembre 1691. a ordonné & ordonne que les Particuliers auxquels les Beneficiers & autres gens de Main-morte feront des ventes & adjudications, tant des bois taillis dont les coupes ſe font tous les neuf ans ou environ, que des bois taillis ſur futaye, dont la coupe ſe fait tous les vingt ou trente ans & plus, ſeront tenus d'en fournir aux Greffes des Domaines des gens de Main-morte, les Actes quinzaine après qu'ils auront eſté faits pardevant Notaires, ſous ſeing privé ou autrement, pour y eſtre regiſtrez par les Pourvûs ou Commis à l'exercice deſdits Greffes, & les droits à eux payez par leſdits Particuliers, ſuivant & conformement audit Edit, & aux Arreſts rendus en conſequence, ſous les peines portées par iceux. Enjoint auſſi Sa Majeſté aux Sieurs Intendans & Commiſſaires départis pour l'execution de ſes ordres dans les Provinces & Generalitez du Royaume de tenir la main à ce que le preſent Arreſt ſoit executé ſelon ſa forme & teneur , ſans ſouffrir qu'il y ſoit contrevenu , & ce nonobſtant oppoſitions & autres empêchemens quelconques , & pour leſquels ne ſera differé. Fait au Conſeil d'Etat du Roy , tenu à Verſailles le douziéme jour de Fevrier mil ſix cens quatre-vingt-dix-ſept. Collationné.

Signé, G O U J O N, avec paraphe.

ARREST

17

ARREST
DU CONSEIL D'ESTAT DU ROY.
Du 4. Juillet 1702.

Portant décharge du Droit de confirmation d'Heredité en faveur de Messieurs du Clergé.

Extrait des Registres du Conseil d'Etat.

SUR la Requeste presentée au Roy en son Conseil par les Cardinaux, Archevêques, Evêques & autres Beneficiers Deputez en l'Assemblée Generale du Clergé de France, qui se tient par la permission de Sa Majesté en la Ville de Paris, contenant que Sa Majesté ayant créé dans tous les Dioceses du Royaume par Edits du mois de Decembre 1691. des Offices d'Oeconomes-Sequestres, Greffiers des Insinuations Ecclesiastiques, Greffiers des Domaines des Gens de Main-morte, Greffiers Gardes-Conservateurs des Registres de Baptêmes, Mariages & Sepultures, & de Notaires Royaux Apostoliques, les Syndics des Dioceses ont traité avec Maistre Antoine Gatte chargé par Sa Majesté de la vente de ces Offices, & les ont acquis pour le tout ou en partie, & en consequence des Traitez qu'ils ont faits avec lui, ils ont obtenu differens Arrests, dont les uns leur ont permis d'éteindre & supprimer ces Charges, & les autres de les faire exercer par des Titulaires ou des Commis; & comme ces Charges ont esté créées hereditaires, il a esté signifié des Taxes à tous les Dioceses pour la confirmation d'heredité des Offices qu'ils ont acquis; mais comme les Titres de ces Offices ne subsistent plus dans la plùpart des Dioceses, que ceux qui en ont laissé subsister le titre ont réüni ces Offices aux Dioceses, & ont seulement nommé ou commis des personnes pour en faire les fonctions & recevoir les droits attribuez à ces Offices, pour en acquitter les rentes qu'ils ont esté obligez de créer pour les sommes qu'ils ont empruntées pour les acquerir; qu'on ne peut pas demander des Taxes pour la confirmation d'heredi-

H

té d'Offices dont le titre ne fubfifte plus, & dont les droits font poffedez par des Dioceses qui ne meurent jamais ; que même par la plûpart des Arrefts qui ont efté obtenus par les Syndics des Dioceses , il a efté ordonné que pour raifon de l'acquifition de ces Offices , les Dioceses ne pourroient eftre recherchez à l'avenir fous quelque prétexte que ce foit. Requeroient à ces caufes les Suppliants , qu'il plût à Sa Majefté décharger les Dioceses qui ont acquis ces Offices , & les Commis qu'ils ont nommé pour percevoir les droits qui y font attribuez , du payement des Taxes qui leur font demandées pour la confirmation de l'heredité de ces Offices ; faire defenfes aux Traitans & autres perfonnes chargées du recouvrement defdites Taxes , de faire aucunes pourfuites contre les Dioceses qui auront acquis ces Offices pour raifon de ce , à peine de mille livres d'amende , de tous dépens , dommages & interefts. Vû ladite Requefte & pieces attachées à icelle : Oüy le Rapport du Sieur de Chamillart , Confeiller ordinaire au Confeil Royal , Controlleur Général des Finances : LE ROY EN SON CONSEIL, ayant égard à ladite Requefte , a déchargé & décharge les Dioceses qui ont acquis les Offices d'Oeconomes-Sequeftres ; Greffiers des Infinuations Ecclefiaftiques , Greffiers des Domaines des Gens de Main-morte ; Greffiers-Confervateurs des Regiftres de Baptêmes , Mariages & Sepultures ; Notaires Royaux Apoftoliques , & les Commis qu'ils ont nommez pour y percevoir les droits y attribuez , du payement des taxes qui leur font demandées pour la confirmation de l'heredité defdits Offices ; & fait Sa Majefté deffenfes de faire aucunes pourfuites contre eux pour raifon de ce , à peine de tous dépens , dommages & interefts. Fait au Confeil d'Etat du Roy tenu à Marly le quatriéme jour de Juillet mil fept cens deux. Collationné.

Signé , R A N C H I N.

LOUIS par la grace de Dieu Roy de France & de Navarre , Dauphin de Viennois , Comte de Valentinois , & Diois , Provence , Forcalquier & Terres adjacentes : Au premier noftre Huiffier ou Sergent fur ce requis. Nous te mandons & commandons que l'Arreft dont l'Extrait eft cy attaché fous le contre-feel de noftre Chancellerie , ce jourd'hui donné en noftre Confeil d'Etat , fur la Requefte à Nous prefentée en icelui par nos

chers & bien amez Cousins , les Cardinaux , Archevêques ,
Evêques , & autres Beneficiers Deputez en l'Assemblée Gené-
rale du Clergé de France qui se tient par nostre permission en
nostre bonne Ville de Paris , tu signifies à tous qu'il appartiendra à ce qu'aucun n'en ignore , & faits en outre pour l'entiere
execution dudit Arrest , à la Requeste desdits Sieurs Cardinaux ,
Archevêques , Evêques , & autres Beneficiers Deputez en
l'Assemblée Generale du Clergé de France , tous Commandemens , Sommations , défenses y contenuës sur les peines y portées , & autres actes & exploits necessaires sans autre permission ,
nonobstant Clameur de Haro , Chartres Normandes & Lettres
à ce contraires. Voulons qu'aux copies dudit Arrest & des Presentes , collationnées par l'un de nos amez & feaux Conseillers-
Secretaires , foy soit ajoûtée comme aux Originaux : C A R tel
est nostre plaisir. D O N N E' à Marly le quatriéme jour de Juillet , l'an de grace mil sept cens deux ; Et de nostre Regne le
soixantiéme. Par le Roy , Dauphin , Comte de Provence, en son
Conseil. Signé , R A N C H I N. Et scellé du grand Sceau de
cire rouge.

*Collationné aux Originaux par Nous Conseiller-Secretaire du Roy,
Maison , Couronne de France & de ses Finances.*

ARREST
DU CONSEIL D'ESTAT DU ROY.

Du 5. Decembre 1702.

Ordonne que les Chartreux d'Orleans & autres Communautez Regulieres seront tenuës de faire enregistrer leurs Contrats & autres Actes d'acquisitions, & de faire leur déclaration des Domaines qu'ils font valoir par leurs mains.

Extrait des Registres du Conseil d'Etat.

SUR la Requeste presentée au Roy en son Conseil, par Antoine Gatte Bourgeois de Paris, chargé du recouvrement des deniers provenans des Enregistremens des Actes des Domaines, des Beneficiers & Gens de Main-morte, poursuites & diligences de Maître René Froger chargé de ce recouvrement dans la Ville & le Diocese d'Orleans : Contenant que le onze Septembre dernier, le Suppliant fit assigner pardevant le Lieutenant d'Orleans, les Religieux, Prieur & Convent de la Chartreuse d'Orleans, pour voir dire que faute par eux d'avoir fait enregistrer les Acquisitions des biens par eux faites, & d'avoir fourni la déclaration de ceux qu'ils font valoir par leurs mains & payer les droits conformement à l'Edit de creation des Greffiers des Domaines des Gens de Main-morte du mois de Decembre 1691. & Arrests du Conseil rendus en consequence, l'amende de cinquante livres portée par les mêmes Edits & Arrests seroit déclarée encouruë contre eux ; Les Chartreux comparans à cette assignation, soûtinrent mal à propos que dans l'Edit de creation dont on vient de parler, il n'y avoit aucun article qui obligeât les Communautez à faire registrer leurs acquisitions ; le Juge d'Orleans dans la vûë de favoriser les Chartreux le quatre Octobre dernier, ordonne que les Parties se pourvoiront au Conseil en interpretation de l'Edit du mois de Decembre 1691. Le Suppliant est surpris de cette Ordonnance, car l'Edit parle en termes assez précis pour ne pas dou-

ter de la Justice de la demande du Suppliant : En effet , par les
Articles X. XI. XII. & XIV. de l'Edit du mois de Decembre
1691. les Acquisitions des Gens de Main - morte doivent estre enregistrées dans les termes y portez , & les mêmes Gens de Main-
morte doivent donner de dix ans en dix ans des déclarations
des biens qu'ils exploitent & de leur valeur : Et l'Article XII.
porte à peine de cinquante livres d'amende , les Arrests du Conseil du dix huit Mars & dix-neuf Juillet 1692. contiennent les
mêmes dispositions : ainsi il n'y a aucune ambiguité dans l'Edit,
& les Religieux Chartreux ont dû faire enregistrer au Greffe
du Suppliant leurs acquisitions & y déclarer les biens qu'ils exploitent , & leur valeur : & faute par eux de l'avoir fait , ils
doivent estre condamnez à payer l'amende de cinquante livres
& les droits d'enregistrement de leurs acquisitions & de leurs
déclarations. A CES CAUSES , requeroit le Suppliant qu'il
plût à Sa Majesté , en faisant droit sur le renvoi fait par le
Sieur Lieutenant General d'Orleans au Conseil , du differend
des parties , déclarer l'amende de cinquante livres encouruë contre les Chartreux d'Orleans , faute d'avoir fait enregistrer au
Greffe du Suppliant les acquisitions par eux faites , & d'avoir
fait la déclaration des biens qu'ils exploitent & de leur valeur:
ce qu'ils seront tenus de faire dans tel temps qu'il plaira à Sa
Majesté leur accorder , en payant les droits ordinaires , & les
condamner aux dépens du Suppliant , tant ceux faits à Orleans
qu'en ceux du present Arrest : Vû ladite Requeste signée Poi-
rier Avocat du Suppliant , & les pieces y jointes ; Oüy le Rapport du Sieur Fleuriau , Conseiller ordinaire au Conseil Royal,
Directeur des Finances : LE ROY EN SON CONSEIL
a ordonné & ordonne que l'Edit de Creation des Greffiers des Enregistremens des Domaines des Gens de Main-morte du mois
de Decembre 1691. & les Arrests rendus en consequence , seront
executez selon leur forme & teneur ; & en consequence que les
Chartreux d'Orleans & autres Communautez Regulieres , & generalement tous les gens de Main-morte , seront tenus de faire
enregistrer ausdits Greffes les Contrats & autres actes d'acquisitions , & faire leur déclaration des Domaines qu'ils font valoir
par leurs mains : Et pour ce qui concerne les contraventions
commises par les Peres Chartreux à l'execution des Edit & Arrests , Sa Majesté a renvoyé les Parties au Bailliage & Siege Pre-
sidial d'Orleans , pour leur estre fait droit ainsi qu'il appartien-

dra par raison. Fait au Conseil d'Etat du Roy tenu à Versailles le cinquiéme Decembre mil sept cens deux. Collationné.

Signé, DELAISTRE.

ARREST

DU CONSEIL D'ESTAT DU ROY.

Du 22. Avril 1703.

Fait deffenses de se servir des Actes sujets à l'Insinuation qu'ils ne soient insinuez, à peine de nullité & de cinquante livres d'amende.

Extrait des Registres du Conseil d'Etat.

SUR la Requeste presentée au Roy en son Conseil par tous les Greffiers des Insinuations Ecclesiastiques, en consequence de l'Edit de creation du mois de Decembre 1691. contenant qu'ayant financé des sommes considerables pour joüir des droits & privileges attribuez à leursdits Offices par ledit Edit de creation qui ordonne l'execution des précedens Edits, Arrests & Declarations faites à ce sujet, il est arrivé que l'abus qui s'étoit glissé dans le deffaut des Insinuations des actes & titres qui y estoient sujets, a continué après la création desdits Offices, parce que dans ledit Edit il n'est porté que la peine de nullité des actes à l'égard de ceux qui ne les font point insinuer. Mais comme cette peine qui n'est regardée que comme comminatoire n'a pas arresté le cours des contraventions, les Supplians s'estant vûs frustrez de presque tous les avantages dont ils doivent joüir, ils se trouveroient dans la necessité indispensable d'abandonner lesdites Charges, qui causent leur ruine entiere par l'inexecution dudit Edit & le deffaut des payemens des droits qui leur estoient attribuez par icelui, conformement au Tarif arresté au Conseil le onziéme Decembre audit an mil six cens quatre-vingt-onze, s'il n'y est pourvû par quelqu'autre peine que celle de nullité, avec d'autant plus de raison qu'ils ont esté encore taxez à des ſommes exhorbitantes pour la confirmation de l'heredité, ſans leur attribuer de nouveaux droits auxquelles ils ne ſont pas en état de ſatisfaire, mais ils feroient leur dernier effort pour payer celles auxquelles ils eſperent que Sa Majeſté voudra bien les moderer, afin de ſubvenir autant qu'ils le pourront aux beſoins de l'Etat, ce qui les oblige d'avoir recours à Sa Majeſté pour leur eſtre ſur ce pourvu. A ces cauſes requeroient les Suppliants qu'il pluſt à Sa Majeſté ordonner que ledit Edit de creation des Offices des Suppliants du mois de Decembre 1691. & autres Edits, Declarations, Tarifs, & Arreſts rendus avant ledit Edit, ſeront executez ſelon leur forme & teneur; ce faiſant, ordonner que tous ceux qui ont manqué ou qui manqueront à l'avenir de faire inſinuer des Diſpenſes, ſoit de l'Ordinaire ou en Cour de Rome, les Lettres de Tonſures, de quatre Mineurs, Soudiacre, Diacre, Prêtriſe, Titres Patrimoniaux, Démiſſoires, Actes de Veſture, de Noviciat, de Profeſſion de Religieux, Religieuſes, Lettres de Bachelerie, Licence & toutes autres Lettres de Degrez, Certificats de temps d'études, & generalement tous autres Actes, Titres & Proviſions de Benefices exprimez dans le ſuſdit Edit de creation, ſoient condamnez en une amende de cent livres pour chaque contravention qui ſera déclarée executoire contre eux en vertu de l'Arreſt qui interviendra ſur la preſente Requeſte, ſans qu'il en ſoit beſoin d'autre, la moitié applicable à l'Hôpital des lieux où l'Inſinuation devoit eſtre faite, & l'autre moitié au profit des Suppliants; faire deffenſes aux Notaires, Greffiers, Secretaires des Archevêques, Evêques, Chapitres, Communautez, Univerſitez, & generalement toute autre perſonne qui expedieront des actes ſujets à Inſinuation, de les délivrer aux Parties qu'ils ne ſoient inſinuez, à peine de cent livres d'amende contre eux pour chaque acte, titre & Proviſion qu'ils auront délivré, qui ſera pareillement encouruë par le même Arreſt, applicable comme deſſus; enjoindre aux Sieurs Commiſſaires départis dans le Royaume de tenir la main à ſon execution. Vû ladite Requeſte & Pieces jointes : Oüy le rapport du Sieur Fleuriau d'Armenonville, Conſeiller ordinaire an Conſeil Royal, Directeur des Finances : LE ROY EN SON CONSEIL, ayant égard à ladite Requeſte, a ordonné & ordonne que les Greffiers des Inſinuations Eccleſiaſtiques ſeront tenus de payer inceſſamment ès mains de Charles de la Cour de Beauval, chargé du recouvrement des taxes qui doivent eſtre payées pour la confirmation de l'heredité en execution de l'Edit du mois d'Aoust dernier, le quart de leur finance & les deux sols pour livre ; quoi faisant ils demeureront maintenus & confirmez dans l'heredité de leurs Offices, & joüiront des droits à eux attribuez par l'Edit de creation d'iceux, conformement au Tarif arresté au Conseil le onziéme Decembre 1691. Fait Sa Majesté défenses à toutes personnes de se servir d'actes sujets à insinuation, & aux Notaires, Secretaires & Greffiers des Sieurs Archevêques & Evêques, de les délivrer qu'ils ne soient insinuez par lesdits Greffiers des Insinuations, le tout sous les peines portées par ledit Edit de creation desdits Offices & Arrests rendus en consequence, & en outre de cinquante livres d'amende contre chacun des contrevenans, laquelle ne pourra estre remise ni moderée, & applicable auxdits Greffiers des Insinuations. Enjoint Sa Majesté aux Intendans & Commissaires départis dans les Provinces & Generalitez de son Royaume de tenir la main à l'execution du present Arrest. Fait au Conseil d'Etat du Roy, tenu à Versailles le vingt-deuxiéme jour d'Avril mil sept cens trois. Collationné.

Signé, DU JARDIN.

Collationné aux Originaux par Nous Conseiller-Secretaire du Roy, Maison, Couronne de France & de ses Finances.

EDIT DU ROY

Du mois d'Octobre 1703.

Portant creation des Offices de Controlleurs des Greffiers des Insinuations Ecclesiastiques & des Domaines des Gens de Main-morte.

Registré en Parlement le 23. Novembre 1703.

LOUIS par la grace de Dieu, Roy de France & de Navarre : A tous presens & à venir, SALUT. Nous avons par trois nos Edits des mois de Decembre 1691. créé en titre d'Office ; sçavoir : Par le premier , des Oeconomes Sequestres pour avoir la direction & administration du Temporel des Archevê-chez , Evêchez , Abbaïes & Prieurez Conventuels étans à nôtre nomination, vacans par mort ou démission pure & simple , & des Benefices étans à la presentation ou collation des Ordinaires , Patrons & Collateurs laïques , lorsque les fruits sont sequestrez par Sentence ou par Arrest. Par le second , des Offices de Greffiers des Insinuations Ecclesiastiques dans chaque Diocese de nostre Royaume : Et par le troisième , le nombre de quatre cens Greffiers des Domaines des gens de Main-morte ; & Nous avons retiré de la vente de ces Offices les secours que Nous nous étions lors proposez pour fournir aux dépenses que nous est ons obligez de soutenir. Et comme l'état présent de nos affaires Nous oblige de recourir à de nouveaux moyens de nous procurer les secours dont nous avons besoin, Nous avons crû n'en pouvoir employer de plus justes & moins à charge à nos Sujets , que de créer des Controlleurs de ces mêmes Offices , dont l'établissement sera même utile en ce qu'il assure à l'égard du Public les fonctions & le maniement de ces Officiers. A CES CAUSES, & autres à ce Nous mouvans , & de nostre certaine science , pleine puissance & autorité Royale, Nous avons par le present Edit perpetuel & irrevocable , créé érigé , creons & érigeons en titre d'Offices formez & heredi-

I

†.
Controlleurs des Oeconomes Sequestres.

II.
Controlleurs des Greffiers des Insinuations Ecclesiastiques.

III.
Controlleurs des Greffiers des Domaines des Gens de Main-morte.

IV.
Fonctions des Controlleurs des Oeconomes.

V.
Trois cens livres d'amende pour chaque contravention.

taires , des Offices de Controlleurs des Oeconomes Sequestres du Temporel des Archevêchez , Evêchez , Abbayes & Prieurez Conventuels estans à nostre nomination , qui vaqueront par mort ou démission pure & simple , & des Benefices estans à la presentation ou collation des Ordinaires , Patrons ou Collateurs laïques , lorsque les fruits en auront esté sequestrez par Sentences ou Arrests.

Comme aussi des Controlleurs des Greffiers des Insinuations Ecclesiastiques.

Et des Controlleurs des Greffiers des Domaines des gens de Main-morte , en tel nombre & dans tous les Dioceses , Villes & lieux de nostre Royaume , Païs , Terres & Seigneuries de nôtre obéïssance , où lesdits Offices d'Oeconomes Sequestres , Greffiers des Insinuations Ecclesiastiques , & Greffiers des Domaines des gens de Main-morte ont esté établis en consequence de nosdits Edits du mois de Decembre 1691. soit qu'ils ayent esté levez par des Particuliers , ou acquis & réünis aux Clergez des Dioceses & Communautez des gens de Main-morte , suivant les Etats qui en seront arrestez en nostre Conseil.

Voulons que les Controlleurs des Oeconomes Sequestres , controllent toutes les Quittances qui seront délivrées par lesdits Oeconomes de tous les deniers de leur Recette , ensemble celles des payemens qui seront faits à l'avenir par lesdits Oeconomes Sequestres , tant pour l'acquit des charges , que pour réparations des biens temporels des Archevêchez , Evêchez , Abbaïes ou autres Benefices , & autres dépenses de quelque nature qu'elles soient pendant que durera l'Oeconomat , ensemble tous les Baux à Ferme qui seront faits ci-après par lesdits Oeconomes Sequestres , & ceux ci-devant faits lesquels ne sont pas encore expirez ; & ce sçavoir pour les Baux cy-devant passez , dont les termes ne sont pas encore expirez , un mois après la publication du present Edit , auquel effet ils leurs seront representez dans ledit temps par lesdits Oeconomes , à peine contre eux de trois cens livres d'amende pour chacune contravention. Et à l'égard des Quittances & Baux qui seront faits à l'avenir dans la quinzaine du jour & date desdits Baux & Quittances , à peine de nullité & de pareille amende de trois cens livres pour chacune contravention , applicable un tiers aux Hôpitaux des lieux , un tiers au dénonciateur , & un tiers au Controlleur , sans que ladite peine puisse estre reputée comminatoire , sursise & moderée par aucuns de nos Juges & autres Officiers, à peine d'en répondre en leur propre & privé nom.

Ordonnons que les Controlleurs des Greffiers des Insinuations Ecclesiastiques, controlleront tous les Actes sujets à insinuation, énoncez dans nostre Edit du mois de Decembre 1691. dans le Tarif arresté en nostre Conseil le 11. dudit mois, & dans nostre Declaration du 16. Fevrier 1692. quinzaine après leurs dates, à peine de nullité desdits Actes, & de trois cens livres d'amende pour chacune contravention, payable & applicable comme dessus; à l'effet de quoi deffendons aux Greffiers des Insinuations sous les mêmes peines, de délivrer lesdits Actes, & aux Parties de s'en servir, qu'ils n'ayent esté controllez par lesdits Controlleurs.

V I.
Fonctions des Controlleurs des Greffiers des Insinuations.

V I I.
Pareille amende de 300. livres.

Ordonnons pareillement que les Controlleurs des Greffiers des Domaines des gens de Main-morte controlleront tous les Baux à ferme, à gaudence, à locaterie, emphiteotiques, & autres des revenus des Archevêchez, Evêchez, Abbaïes, Prieurez, Beneficiers & gens de Main-morte, & generalement tous Actes sujets à l'enregistrement desdits Greffiers, qui seront faits & passez à l'avenir, & ceux ci-devant faits ou passez, lesquels ne sont pas encore expirez, & ce aux frais & dépens des Preneurs desdits Baux, & autres Parties, sçavoir, ceux qui seront passez à l'avenir, quinzaine après qu'ils auront esté passez; & ceux-ci-devant passez, qui ne sont point encore expirez, un mois après la publication du present Edit, auquel effet ils leur seront representez dans ledit temps par les Preneurs desdits Baux, à peine de pareille amende de trois cens livres, applicable & payable comme dessus, tant contre les Officiers qui auront délivré lesdits Actes sans les faire controller, que contre les Parties qui s'en serviront.

V I I I.
Fonctions des Controlleurs des Greffiers des Domaines des Gens de Main-morte.

I X.
Pareille amende de 300. liv.

Voulons que les Gens de Main-morte qui feront valoir leurs Domaines par leurs mains, en tout ou partie, soient tenus de faire tous les ans des déclarations pardevant Notaires, contenant les biens qu'ils regiront & exploiteront par leurs mains, ensemble la valeur des fruits & revenus desdits Domaines & biens, lesquelles déclarations seront par eux affirmées veritables, & controllées par lesdits Controlleurs; aux mêmes peines que dessus, tant contre les Notaires qui auront reçû lesdites déclarations que contre les Beneficiers & gens de Main-morte qui auront obmis de les faire controller.

X.
Gens de Main-morte tenus de faire declaration.

XI.
Les trois differens
Controlleurs tien-
dront Registres,

Voulons que tous lesdits Controlleurs tiennent de bons & fideles Registres de Controlle de tous les susdits Baux & Actes qui seront faits & passez, tant par lesdits Greffiers des Insinuations Ecclesiastiques & des Domaines des Gens de Main-morte, que par lesdits Oeconomes Sequestres, pour y avoir recours en cas de besoin, lesquels Registres seront cottez & paraphez par le premier de nos Juges & Officiers des lieux de leur établissement, auquel il sera payé pour tous droits de cotte & paraphe, la somme de trois livres, de quelque grosseur que puissent estre lesdits Registres.

XII.
50000. liv. de ga-
ges à repartir entre
les trois differens
Controlleurs.

Et pour donner moyen à ceux qui acquereront lesdits Offices, d'en remplir les fonctions avec tout le soin & l'application necessaire, Nous leur avons attribué & attribuons cinquante mille livres de gages effectifs, à repartir entre eux, suivant les Etats qui seront arrestez en nostre Conseil, dont les fonds seront laissez dans les Etats des Charges de nos Domaines, & ce outre les droits de Controlle que Nous leur avons pareillement attribuez & attribuons ; sçavoir.

XIII
Droits des Control-
leurs des Oeconomes
Sequestres.

Aux Controlleurs des Oeconomes Sequestres, la moitié de tous les droits attribuez ausdits Oeconomes Sequestres par nôtredit Edit du mois de Decembre 1691.

XIV.
Droits des Control-
leurs des Greffiers des
Insinuations.

Aux Controlleurs des Greffiers des Insinuations Ecclesiastiques, la moitié des droits attribuez ausdits Greffiers, tant par nostredit Edit du mois de Decembre 1691. que par le Tarif arresté en nostre Conseil le 11. dudit mois, & par nostre Declaration du 16. Fevrier 1692.

XV.
Droits des Control-
leurs des Greffiers des
Domaines des Gens
de Main-morte.

Et aux Controlleurs des Greffiers des Domaines des Gens de Main-morte, aussi la moitié de tous les droits attribuez auxdits Greffiers pour l'enregistrement de tous les Contrats & autres Actes qu'ils sont tenus d'enregistrer, ensemble de tous les Baux à fermes qui seront par eux controllez, depuis vingt livres jusqu'à mille livres par an, & pour tous ceux qui se trouveront au dessus de mille livres par an, un denier pour livre du prix d'une année d'iceux.

XVI.
Quand & par qui
lesdits droits doivent
estre payez.

Tous lesquels droits seront payez auxdits Controlleurs lors des controlles & enregistremens desdits Actes ; sçavoir, à ceux des Oeconomes Sequestres, par lesdits Oeconomes, des deniers de leur Recette, dont il leur sera tenu compte dans les Comptes qui en seront par eux rendus, & aux Controlleurs des Greffiers des Insinuations & des Domaines des Gens de

Main-morte , par les Parties qui font tenuës du payement des droits attribuez auxdits Greffiers.

Permettons à toutes perfonnes d'acquerir un ou plufieurs defdits Offices , & de les pofseder fans aucune incompatibilité avec toutes autres Charges & Emplois , pourvû qu'ils ayent atteint l'âge de vingt cinq ans accomplis , & de les faire exercer fur leurs fimples Procurations , fans qu'il foit befoin de Commiffion de Nous.

Voulons qu'il foit expedié aux Acquereurs defdits Offices des Provifions en noftre Grande Chancellerie , fur les Quittances du Treforier de nos Revenus Cafuels , en payant pour le Sceau des Provifions defdits Offices , y compris l'augmentation la fomme de vingt livres , pour le Marc d'or quinze livres , & pour le Garde des Rolles cinq livres.

Difpenfons neanmoins ceux qui acquereront un ou plufieurs defdits Offices , & dont la finance fera audeffous de cinq cens livres , de prendre des Provifions , à la charge par eux de faire enregiftrer les Quittances de Finance qui leur feront delivrées par le Receveur de nos Revenus Cafuels , au Greffe du Bureau des Finances de la Generalité de leur établiffement , pour lefquels enregiftremens ils ne feront tenus de payer que fix livres pour tous droits , même ceux du Greffe , fur lefquelles Quittances de Finance dûëment controllées , & celles des deux fols pour livre , lefdits Acquereurs pourront exercer lefdits Offices.

Permettons aux Particuliers qui poffedent un ou plufieurs Offices d'Oeconomes Sequeftres , Greffiers des Infinuations Ecclefiaftiques , & Greffiers des Domaines des gens de Main-morte & aux Ecclefiaftiques , Clergez des Diocefes & Communautez, des gens de Main-morte qui les ont acquis , ou en ont obtenu la réünion d'acquerir & réünir pareillement lefdits Offices de Controlleurs créez par le prefent Edit , & d'en joüir fur les fimples Quittances de Finances qui leur en feront expediées , avec Faculté de les defunir & revendre à leur profit , ainfi qu'ils aviferont. Leur accordons à cet effet deux mois , à compter du jour de l'enregiftrement du prefent Edit pour acquerir lefdits Offices par preference , & faute par eux de le faire dans ledit temps & icelui paffé , toutes perfonnes pourront acquerir lefdits Offices , fans que les Proprietaires ou Pourvûs defdits Offices d'Oeconomes Sequeftres , Greffiers des Infinuations & des Domaines des gens de Main-morte puiffent prétendre aucune

I iij

préference, ni estre reçûs à les rembourser pour quelque cause & sous quelque prétexte que ce soit.

XXIV.
Permis de rembourser après les deux recès les Offices créez par les trois Edits de Decembre 1691.

Permettons au contraire à ceux qui auront acquis lesdits Offices après ledit temps, de rembourser si bon leur semble les Pourvûs & Proprietaires des Offices d'Oeconomes Sequestres, Greffiers des Insinuations Ecclesiastiques & Greffiers des gens de Main-morte.

Et afin que ceux qui acquereront lesdits Offices de Controlleurs, ou ceux qui seront commis à l'exercice d'iceux en attendant la vente, ne puissent estre divertis de leurs fonctions, Nous les avons exemptez & exemptons de tous logemens effectifs de gens de Guerre, de la Collecte des Tailles, guet & garde, tutelle, curatelle & nomination à icelles, ensemble de l'imposition de l'Ustancile & autres charges publiques, & ne pourront estre augmentez à la Capitation ni à la Taille sous prétexe de l'acquisition desdits Offices.

XXV.
Privileges & exemptions.

Ne pourront pareillement eux ni leurs enfans estre pris pour Soldats de Milice, ni taxez à l'avenir, recherchez & inquiétez sous pretexte de supplément de finance ni d'heredité ou confirmation d'icelle, pour quelque cause & occasion que ce puisse estre.

Si Donnons en Mandement à nos amez & feaux Conseillers, les Gens tenans nostre Cour de Parlement, Chambre des Comptes & Cour des Aydes à Paris, que nostre present Edit ils ayent à faire lire, publier & registrer, même en temps de Vacations, & le contenu en iceluy garder & observer selon sa forme & teneur, sans y contrevenir ni permettre qu'il y soit contrevenu en quelque sorte & maniere que ce soit, nonobstant tous Edits, Déclarations & autres choses à ce contraires, auxquelles Nous avons dérogé & dérogeons par le present Edit, aux copies duquel collationnées par un de nos amez & feaux Conseillers-Secretaires, Voulons que foy soit ajoutée comme à l'Original : Car, tel est nostre plaisir. Et afin que ce soit chose ferme & stable à toûjours, Nous y avons fait mettre nôtre sceel. Donné à Fontainebleau au mois d'Octobre, l'an de grace mil sept cens trois, & de nostre Regne le soixante-uniéme Signé, LOUIS, *et plus bas*, Par le Roy, Phelypeaux. *Visa*, Phelypeaux. Vû au Conseil, Chamillart. Et scellé du grand Sceau de cire verte, en lacs de soye rouge & verte.

Regiſtré, Oüy & ce requerant le Procureur General du Roy, pour eſtre executé ſelon ſa forme & teneur; & copies collationnées envoyées dans les Sieges, Bailliages & Sénéchauſſées du Reſſort, pour y eſtre lües, publiées & enregiſtrées, Enjoint aux Subſtituts du Procureur General du Roy d'y tenir la main, & d'en certiſier la Cour dans un mois, ſuivant l'Arreſt de ce jour. A Paris en Parlement le vingt-troiſiéme Novembre mil ſept cens trois.

Signé, D O N G O I S.

Collationné à l'Original par Nous Conſeiller Secretaire du Roy, Maiſon, Couronne de France & de ſes Finances.

DECLARATION DU ROY.

Du 6. May. 1704.

Servant de Reglement pour les fonctions des Offices de Greffiers & de Controlleurs des Insinuations Ecclesiastiques & des Domaines des Gens de Main-morte.

Registrée au Parlement, le 23. May 1704.

LOUIS par la grace de Dieu, Roy de France & de Navarre : A tous ceux qui ces presentes Lettres verront ; Salut. Nous avons par nostre Edit du mois d'Octobre 1703. créé des Offices de Controlleurs des Greffiers des Insinuations Ecclesiastiques, de Controlleurs des Greffiers des Domaines des Gens de Main-morte, & de Controlleurs des Oeconomes Sequestres ; mais comme il est survenu plusieurs contestations tant au sujet de l'établissement desdits Offices & perception des droits qui leur sont attribuez, que pour l'attribution de Jurisdiction ; & que d'ailleurs plusieurs Prélats & Syndics de differens Dioceses, qui ont déja acquis lesdits Offices dans la vûe de nous marquer leur zele pour nostre service, & ceux qui sont dans le dessein de les acquerir, Nous ont fait representer qu'il estoit très-necessaire que Nous voulussions bien expliquer nos intentions sur toutes ces difficultez, & sur celles qui leur sont faites pour raison des Offices de Greffiers des Insinuations Ecclesiastiques, de Greffiers des Domaines des gens de Main-morte & d'Oeconomes Sequestres créez par nos trois Edits du mois de Decembre 1691. dont ils sont proprietaires. A CES CAUSES, & autres à ce Nous mouvans, de nostre certaine science, pleine puissance & autorité Royale, Nous avons dit & ordonné, & par ces Presentes signées de nostre main, disons & ordonnons, voulons & nous plaist, que la connoissance des contestations & contraventions qui surviendront au sujet des fonctions & droits, tant desdits Offices de Controlleurs créez par ledit Edit du mois d'Octobre dernier, que de ceux d'Oeconomes Sequestres, Greffiers des Insinuations Ecclesiastiques, & des Domaines des gens de Main-mor-

Attribution aux Bureaux des Finances situez dans les Chefs-lieux de chaque Diocese, & où il n'y en aura pas, aux Juges Royaux.

te

te créez par lesdits Edits du mois de Decembre 1691. appartienne tant en demandant que deffendant, aux Officiers des Bureaux des Finances des Lieux où lesdits Offices sont ou seront établis, & s'il n'y en a point, aux Officiers des Bailliages & autres Sieges Royaux ordinaires desdits Lieux ; & si dans lesdits Lieux d'établissement, il n'y a ni Bureaux des Finances ni Sieges Royaux ordinaires, aux Officiers du Siege Royal plus prochain d'iceux ; lesquels jugeront en dernier ressort les contestations qui surviendront, jusqu'à la somme de dix livres seulement, nonobstant tous Privileges, Commissions, Lettres de Garde gardienne & évocations generales attribuées à certains ordres, ausquelles Nous avons dérogé à cet égard. Et en consequence voulons que les Pourvûs desdits Offices de Controlleurs, leurs Procureurs & Commis soient reçûs par les Officiers desdits Sieges, ausquels sera payé pour tous droits de reception de chaque Commis six livres, y compris les droits du Greffier ; & seront les Registres desdits Officiers paraphez par les Archevêques & Evêques de chaque Diocese conjointement avec les susdits Officiers, ausquels Officiers sera payé pour leur droit de paraphe quatre livres pour chaque Registre de quelque grosseur qu'il soit.

Voulons que lesdits trois Offices de Controlleurs créez par ledit Edit du mois d'Octobre dernier, soient établis dans tous les Dioceses du Royaume, nonobstant que ceux d'Oeconomes Sequestres, de Greffiers des Insinuations, & de Greffiers des Domaines des gens de Main-morte ou partie d'iceux, y ayent esté supprimez ou réünis.

Ordonnons que les Arrests du Conseil des 18. Mars, 19. Juillet, 2. Septembre 1692. 17. Mars 1693. 26. Janvier 1694. 13. Decembre 1695. & 12. Fevrier 1697. rendus en faveur desdits Greffiers des Domaines des gens de Main-morte, seront executez en faveur desdits Controlleurs comme s'ils avoient esté rendus à leur profit.

Et d'autant que par nostre Edit du mois de Decembre 1691. concernant les Greffes des Domaines des gens de Main-morte Article XIV. Nous avons ordonné que les gens de Main-morte qui font valoir par leurs mains leurs Domaines en tout ou partie, seroient tenus d'en faire leur déclaration de dix ans en dix ans pardevant Notaires, contenant les biens qu'ils exploiteroient & la valeur d'iceux, affirmeroient ladite déclaration veritable, & la feroient registrer ausdits Greffes ; & à faute d'y satisfaire ils y seroient contraints à la diligence des Greffiers par saisie de leur temporel, & que nostre Edit du mois d'Octobre dernier porte que lesdites déclarations seront fournies tous les ans. Voulons que lesdites déclarations ne soient pareillement controllées que de dix ans en dix ans, & que pour ledit Controlle il soit payé le même droit que pour l'Enregistrement au Greffe, en quoy Nous avons dérogé à nostredit Edit du mois d'Octobre dernier.

Seront les Baux faits par conventions verbales ou tacite Reconduction enregistrez & controllez tous les trois ans.

Voulons que dans les déclarations que les Communautez seculieres & regulieres de l'un & de l'autre sexe, les Colleges & autres gens de Main-morte sans aucun excepter, fourniront en execution des susdits Edits, Arrests & de nostre presente Declaration, ils comprennent à l'avenir les rentes viageres constituées au profit des Religieux ou Religieuses & autres Personnes liées par des vœux à leurs Convents & Maisons ; ensemble les Maisons, Logemens & Heritages compris dans leur Closture & Enceinte qu'ils louëront ou affermeront à leur profit.

Voulons aussi que les Adjudications annuelles qui se font des Bois taillis & grosses ventes & menuës Dixmes & dépouille des Prez, les Adjudications & Ventes des Bancs des Eglises Paroissiales, les Baux & Adjudications des Chaises, les Fondations & Concessions des Chapelles desdites Eglises, soient pareillement enregistrez & controllez, & les droits payez conformement aux Edits du mois de Decembre 1691. & Octobre 1703. & ce nonobstant tous Arrests à ce contraires.

Et pour prevenir les fraudes qui se commettent dans la passation des Baux generaux par les Beneficiers & autres, lesquels y fixent des prix modiques, prennent des Contrelettres en vertu desquelles ils passent sous le nom desdits Fermiers generaux des Baux particuliers qui excedent très souvent le double du prix du Bail general, voulons qu'il soit au choix desdits Greffiers & Controlleurs de prendre le droit d'Enregistement & de Controlle sur le pied du Bail general ou des Soubaux.

Et attendu que suivant ledit Edit du mois de Decembre 1691. les Preneurs & Fermiers des biens des Domaines des gens de Main-morte sont tenus de faire enregistrer leurs Baux, ce qui se trouve fort à charge à ceux qui prennent à ferme des Biens situez hors du Diocese du Chef-lieu des Benefices ou des Communautez Laïques & Seculieres ausquels ils appartiennent, voulons à l'avenir qu'audit cas lesdits Baux soient enregistrez & controllez à la diligence des Beneficiers ou Communautez qui les auront passez au Greffe & Controlle du Diocese où le Chef-lieu desdits Benefices, Communautez Laïques & Ecclesiastiques, Seculieres & Regulieres est situé, soit que lesdits Biens affermez soient de leur ancien Domaine ou nouvel Acquest, par donation, fondation, union ou autrement, dont ils payeront les droits, sauf leur recours contre les Fermiers.

Et à l'égard des Greffiers des Insinuations & des Controlleurs d'iceux, voulons conformement à la Declaration du 16. Fevrier 1691. & l'Arrest du 22. Avril 1703. que les Dispenses des Mariages & tous autres Actes sujets à Insinuation, soient enregistrez & controllez, à peine de cinquante livres d'amende contre les Particuliers qui s'en serviront avant lesdits enregistrement & Controlle, applicable moitié à l'Hôpital des lieux & moitié aux Officiers ou Commis. Seront tenus les Notaires de faire mention au bas des Actes qu'ils passeront, qu'ils sont sujets à l'insinuation & au Controlle.

Et ne pourront pareillement les Banquiers Expeditionnaires envoyer en Cour de Rome aucunes Procurations ni autres Actes s'ils ne sont enregistrez & controllez, le tout à peine de nullité & de pareille amende de cinquante livres contre lesdits Notaires & Banquiers, appliquable comme dessus.

Seront tenus les peres & meres, les tuteurs & les Communautez Regulieres de faire insinuer & controller les Actes de Vesture & de Profession des Religieux & Religieuses, & de payer pour chacun Acte trente sols pour l'Insinuation & quinze sols pour le droit de Controlle, à peine de cinquante livres d'amende contre les peres & meres ou tuteurs, & contre les Communautez Regulieres, à l'exception neanmoins des quatre Ordres Mendians.

Ordonnons en interpretant en tant que besoin l'Edit du mois de Decembre 1691. concernant lesdits Greffiers des Insinuations & le Tarif arresté en consequence, qu'il soit payé pour une Procuration qui contiendra Resignation de plusieurs Benefices ou Permutation, creation ou reserve de plusieurs Pensions, autant

---

Notes marginales :

droits, sauf leur recours contre les Fermiers.

Dispenses de Mariages doivent être enregistrées & controllées, à peine de 50. liv. d'amende.

Les Actes envoyez en Cour de Rome sans être enregistrez & Controllez, declarez nuls, & amende de 50. livres.

Actes de Vesture & de Profession enregistrez & controllez à peine de 50. liv. d'amende.

Autant de droits d'enregistrement & de Controlle qu'il y aura de Pensions ou de Religieuses de Benefices dans un même Acte, &c.

de droits d'Enregistrement & de Controlle qu'il y aura de Benefices resignez ou permutez & de Pensions créées & reservées.

Et comme par ledit Tarif il n'a esté reglé pour le Certificat du Banquier que la grace est accordée, Sentence ou Arrest portant permission de prendre possession, prise de possession, que la somme de deux livres pour l'Insinuation des trois Actes cy-dessus, qui contiennent en grosse plusieurs Rolles, voulons qu'à l'avenir il soit payé pour lesdits trois Actes trois livres au Greffier, & moitié pour lesdits Controlleurs, dérogeant à cet effet audit Tarif.

3. livres pour l'Enregistrement des trois Actes de prise de possession, & 1. liv. 10. s. pour le Controlle.

Seront tenus les Secretaires des Archevêques & Evêques, des Chapitres & de tous autres Collateurs de Benefices generalement quelconques, même des Patrons Laïques, les Notaires Royaux, Apostoliques & autres, les Banquiers Expeditionnaires en Cour de Rome, les Greffiers des Hostels de Villes & autres Officiers qui passent des Actes sujets à l'Insinuation & des Contrats de vente ou Baux sujets à l'Enregistrement & Controlle, de communiquer toutefois & quantes ausdits Greffiers & Controlleurs, à leurs Procureurs & Commis, leurs Registres & Minutes sans déplacer ; ausquels Officiers sera payé pour chacun Extrait qui leur sera demandé un sol, en ce non compris le coust du papier.

Communication des Registres aux Acquereurs des Offices, leurs Procureurs & Commis.

Voulons pareillement que ceux qui feront la regie desdits Offices, soit en vertu de Procuration des Acquereurs, ou de Commissions du Clergé, joüissent au lieu & place des Acquereurs des Privileges accordez par les Edits du mois de Decembre 1691. & par celui du mois d'Octobre, 1703.

Privileges accordez aux Procureurs & Commis.

Permettons aux Clergez de nostre Royaume d'imposer la finance desdits Offices ou de partie d'iceux pour en obtenir la supression ; auquel cas voulons que toutes les Communautez Laïques & Ecclesiastiques, Seculieres & Regulieres, Colleges, Facultez, Universitez, Ordres, Exempts & non Exempts, Commanderies & generalement tous les Particuliers possedans Biens de Main-morte sans exception, soient tenus de contribuer ausdites Impositions chacun à proportion de ses domaines & revenus ; lesquelles Impositions seront faites par les Evêques conjointement avec les Sieurs Intendans & commissaires départis.

Permission d'imposer au cas de suppression des Offices.

Ne sera tenu ledit Clergé de nous payer aucun droit d'Amor-

Décharge du droit d'Amortissement.

tiſſement & de nouveaux Acqueſts pour l'acquiſition qu'ils ont faite ou feront deſdits Offices de Controlleurs, de ceux de Greffiers Conſervateurs des Regiſtres des Baptêmes, Mariages & Sepultures, Greffiers des Inſinuations Eccleſiaſtiques, Greffiers des Domaines des Gens de Main-morte, Oeconomes Sequeſtres & Notaires Royaux Apoſtoliques, dont nous les avons déchargez & déchargeons. Sont les Offices en queſtion qu'autres.

Pourront les Gages attribuez auſdits Offices de Greffiers des Inſinuations Eccleſiaſtiques, d'Oeconomes Sequeſtres & de leurs Controlleurs, même ceux des Controlleurs des Greffiers des Domaines des gens de Main-morte, eſtre payez aux Commis prépoſez par leſdits Dioceſes ſur les ſimples Quittances deſdits Commis, leſquelles ſeront paſſées & alloüées ſans difficulté dans la dépenſe des Comptes de ceux qui en auront fait le payement, en fourniſſant par leſdits Commis pour la premiere fois ſeulement aux payeurs deſdits Gages une copie collationnée des Commiſſions qui leur auront eſté délivrées par les Chambres Eccleſiaſtiques des Dioceſes. Les Gages payez ſur les ſimples Quittances des Commis.

Diſpenſons leſdits Commis de ſe faire recevoir à nos Chambres des Comptes, impoſant ſur ce ſilence à nos Procureurs Generaux en icelles. Les Commis diſpenſez de ſe faire recevoir à la Chambre des Comptes.

Voulons que ceux qui preſteront leurs deniers pour l'acquiſition deſdits Offices de Controlleurs, ayent un privilege ſpecial ſur leſdits Offices, Gages & droits y attribuez, & qu'à cet effet mention en ſoit faite dans les Quittances de Finances par le Treſorier de nos Revenus Caſuels. Privilege pour ceux qui preſteront leurs deniers.

Si donnons en mandement à nos Amez & Feaux Conſeillers les Gens tenans noſtre Cour de Parlement, Chambre des Comptes & Cour des Aydes à Paris; que ces Preſentes ils ayent à faire lire, publier & regiſtrer, & le contenu en icelles garder & executer ſelon leur forme & teneur, nonobſtant tous Edits, Declarations, & autres choſes à ce contraires, auſquelles nous avons dérogé & dérogeons par ces Preſentes, aux copies collationnées deſquelles par l'un de nos amez & feaux Conſeillers-Secretaires, voulons que foy ſoit ajoûtée comme à l'Original; Car tel eſt noſtre plaiſir. En témoin de quoy Nous avons fait mettre noſtre Scel à ceſdites Preſentes. Donné à Verſailles le ſixiéme jour de May, l'an de grace mil ſept cens quatre & de noſtre Regne le ſoixante-uniéme. Signé, LOUIS.

Et plus bas: Par le Roy, PHELYPEAUX. Et scellé du grand Sceau de cire jaune.

Regiſtrées, Oüy & ce requerant le Procureur General du Roy, pour eſtre executées ſelon leur forme & teneur; ſuivant l'Arreſt de ce jour. A Paris en Parlement le 23. May 1704.

Signé, DONGOIS.

Collationné à l'Original par Nous Conſeiller-Secretaire du Roy, Maiſon, Couronne de France, & de ſes Finances.

ARREST
DU CONSEIL D'ESTAT DU ROY.

Du 17. Juin 1704.

Ordonne qu'en payant par le Clergé du Diocese de Paris la somme de 72000. livres suivant ses offres, les Offices de Controlleurs des Greffiers des Insinuations Ecclesiastiques & des Domaines des Gens de Main-morte dudit Diocese, lui seront & demeureront unis.

Extrait des Registres du Conseil d'Etat.

SUR la Requeste presentée au Roy en son Conseil, par le Sieur Cardinal de Noailles Archevêque de Paris, & les Sieurs Syndic & Deputez du Clergé dudit Diocese : Contenant, que pour se conformer aux intentions de Sa Majesté, ils offrent d'acquerir l'Office de Controlleur du Greffier des Insinuations Ecclesiastiques, & les six Offices de Controlleurs des Greffiers des Domaines des Gens de Main-morte qui doivent estre établis dans leur Diocese, en consequence de l'Edit du mois d'Octobre 1703. & de payer la somme de soixante & douze mille livres pour la finance desdits Offices : Sçavoir, vingt-quatre mille livres pour la finance de celui de Controlleur du Greffier des Insinuations Ecclesiastiques, & quarante-huit mille livres pour celle desdits six Offices de Controlleurs des Greffiers des Domaines des Gens de Main-morte,& les deux sols pour liv. de ladite somme,entre les mains de Guillaume le Noir, chargé du recouvrement de la finance qui doit provenir de la vente desdits Offices, pour en joüir par eux conformément audit Edit & à la déclaration du sixéme May 1704. à condition qu'illeur sera permis de vendre un ou plusieurs desdits Offices à qui bon leur semblera, sans que ceux qui les acquereront soient tenus d'obtenir d'autres Provisions que celles du Bureau Diocesain, & d'emprunter les sommes necessaires pour le payement desdites sommes, à constitution de rente ou autrement. Oüy le rapport du Sieur Fleuriau d'Armenonville, Conseiller ordinaire au Conseil Royal, Directeur des Finances : LE ROY EN SON CONSEIL, ayant égard à ladite Requeste a accepté & accepte lesdites offres, & en consequence, Sa Majesté a ordonné & ordonne qu'en payant par les Supplians la somme de soixante & douze mille livres, Sçavoir vingt - quatre mille livres pour la Finance de l'Office de Controlleur du Greffier des Insinuations Ecclesiastiques, & quarante-huit mille livres pour celle des six Offices de Controlleurs des Greffiers des Domaines des gens de Main-morte, & les deux sols pour livre de ladite somme : Sçavoir, le principal sur les Quittances du Tresorier des Revenus Casuels, & les deux sols pour livre sur celle dudit le Noir, lesdits Offices seront & demeureront unis audit Clergé dudit Diocese, pour en joüir conformement à l'Edit du mois d'Octobre 1703. & à la Declaration du six May 1704. aux Gages de deux mille huit cens quatre-vingt livres, qui seront repartis sur tout ou partie desdits Offices, comme bon leur semblera, & dont sera fait fonds dans l'Etat des Domaines de la Generalité de Paris : Permet Sa Majesté aux Supplians de les supprimer, revendre & desunir en tout ou partie, toutefois & quantes, & en faveur de qui ils aviseront bon estre, même de les faire exercer sur leurs simples Procurations ou Commissions, par telles personnes qu'ils jugeront à propos, sans que les Pourvûs & Commis soient tenus de se faire recevoir, ni prester serment ailleurs qu'au Bureau Diocesain de Paris ; & sans que ceux qui les acquereront dudit Clergé soient tenus d'obtenir d'autres Provisions que celles dudit Bureau Diocesain : Et pour faciliter audit Clergé le payement de ladite somme de soixante-douze mille livres, & les deux sols pour livre d'icelle, Sa Majesté lui a permis & permet d'emprunter les sommes necessaires à Constitution de rente o u autrement, & d'affecter pour sûreté dudit emprunt lesdits Offices ou autres Revenus dudit Clergé. Fait au Conseil d'Etat du Roy, tenu à Versailles le dix-septiéme jour de Juin mil sept cens quatre. Signé, DU JARDIN, avec Paraphe. Et collationné.

ARREST

ARREST
DE LA COUR DE PARLEMENT.
Du 17. Decembre 1706.

*Par lequel il a esté jugé qu'en execution des Sentences renduës en
la Chambre du Domaine & Tresor à Paris les 6. Septembre, 17.
Decembre 1704. 11. Mars , premier & 22. Avril 1705. dont
étoit Appel ; les Baux des Biens & Revenus d'un Monastere ,
doivent estre Registrez au Greffe du Diocese dans lequel se trouve situé le Chef-lieu dudit Monastere.*

Ensemble lesdites Sentences confirmées par le susdit Arrest.

EXTRAIT DES REGISTRES DU PARLEMENT.

ENTRE Guillaume Lenoir Bourgeois de Paris , chargé
du Recouvrement des deniers provenans du Controlle des
Greffes des Baux & Titres des Domaines des Gens de Main-
morte du Royaume , poursuite & diligence de Charles Lebegue , Commis à l'exercice du Controlle dans l'étenduë du Diocese de Beauvais , Appellant d'une Sentence renduë en la Chambre du Domaine & Tresor du Palais à Paris , le dix sept Decembre 1704. d'une part , & Maistre François Magny , Commis à l'Exercice du Greffe des Domaines des Gens de Main-
morte du Diocese de Paris , & Controlle , Intimé d'autre. Et
encore Charles Lebegue , Commis au Greffe des Enregistremens des Gens de Main-morte du Diocese de Beauvais , Appellant de trois Sentences renduës en ladite Chambre du Domaine & Tresor du Palais à Paris , les onze Mars , premier &
vingt-deuxiéme jour d'Avril 1705. d'une part , & ledit Magny
Intimé d'autre. Et encore entre ledit François Magny , Demandeur en Requeste du dixiéme Juillet 1705. à ce que le
deffendeur ci-apres nommé , fut condanné en tous les depens
faits par ledit demandeur , depuis la Sentence du dix septiéme

L

Decembre 1704. jusqu'au jour de l'appel interjetté par ledit def fendeur de ladite Sentence , comme frais préjudiciaux , & aux dépens d'une part , & ledit Guillaume Lenoir , deffendeur d'autre. Et encore entre les Peres Jesuites du College de Loüis le Grand de cette Ville , demandeurs en Requeste du 23. Juillet 1705. à ce qu'il plût à la Cour les recevoir parties intervenantes en la cause y pendante entre ledit Magny & ledit Lenoir sur l'appel interjetté par ledit Lenoir de ladite Sentence du 17. Decembre 1704. faisant droit sur l'intervention , où ladite Sentence seroit infirmée, décharger les demandeurs des condamnations contre eux prononcées par une Sentence du sixiéme Septembre 1704. condamner ledit Magny aux dépens envers les demandeurs , tant en ceux contre lui faits , qu'en ceux faits contre ledit Lenoir ; & où ladite Sentence du dix-septiéme Decembre 1704. seroit confirmée, condamner ledit Lenoir à acquitter les demandeurs de la condamnation de dépens contre eux prononcée par ladite Sentence du sixiéme Septembre 1704. & le condamner en outre en tous les dépens par eux faits , tant contre lui , que contre ledit Magny & Lenoir , d'autre. Et encore entre Maître Jean Lenormant , Prestre Docteur de la Maison & Societé de Sorbonne , Official de Paris , & Syndic du Clergé dudit Diocese , demandeur en Requeste du deuxiéme Décembre dernier, à ce qu'en venant plaider la Cause d'entre les Parties , sur l'appel interjetté par ledit Lenoir & Lebegue des Sentences de la Chambre du Domaine , des dix-septiéme Decembre 1704. onze Mars , premier & vingt-deuxiéme Avril 1705. il lui fût donné acte , de ce qu'en ladite qualité il prenoit le fait & cause dudit Magny ; ce faisant , mettre l'appellation au neant , avec amende & dépens , d'une part , & lesdits Lenoir , Lebegue & Peres Jesuites , deffendeurs d'autre. Après que Gin Avocat de Lebegue , Millin Avocat de Magny , Tribollet Avocat des Jesuites ont esté oüis pendant deux audiences , ensemble le Nain pour le Procureur General du Roy. LA COUR a reçû & reçoit les parties de Tribollet parties intervenantes , leur donne acte de leur declaration qu'elles se rapportent à la Cour d'ordonner sur l'appel ce qu'elle avisera estre à faire par raison , sur l'appel a mis & met les appellations au neant ; ordonne que ce dont a esté appellé sortira effet ; condamne l'appellant en l'amende de douze livres , & aux dépens , même en ceux faits par les parties de Tribollet contre la partie de Millin , depuis la déclaration qui

a esté faite à la Partie de Gin. Fait en Parlement le dix-septiéme Decembre mil sept cens six. Collationné.

Signé, DU TILLET

Premiere Sentence dont estoit appel , du sixiéme Septembre 1704.

LES Presidens , Tresoriers Generaux de France de la Generalité de Paris , tenans la Chambre du Domaine & Tre-
for au Palais à Paris. A tous ceux qui ces Presentes Lettres verront , Salut. Sçavoir faisons : Qu'entre Maistre François Magny Commis à l'exercice du Greffe du Domaine des gens de
Main-morte du Diocese de Paris , & du Controlle , creé par E-
dit du mois d'Octobre 1703. & déclaration du sixiéme May 1704.
demandeur aux fins des deux Exploits des quatre & cinquiéme
Decembre 1703. contenant les demandés contre les Fermiers des
ci-après nommez, & aux fins d'un autre Exploit du deuxiéme Juin
dernier , tendant à ce que lesdits deffendeurs soient tenus d'apporter , conformement au nouvel Edit du Controlle , & à la
Declaration du sixiéme May 1704. tous les Baux des biens de
l'Abbaye de saint Martin aux Bois , Diocese de Beauvais , qui
a esté unie à leur College de Loüis le Grand , attendu que le
Chef-lieu de ladite Abbaye estant dans le Diocese de Paris ,
& les Baux des biens de cette Abbaye estant passez au profit des
deffendeurs , ils doivent estre registrez & controllez au Greffe
du demandeur , & les droits payez à la diligence & par les deffendeurs , sauf à les repeter contre leurs Fermiers suivant ladite
Declaration,& deffendeur; comparant par Maistre Millin & Cherier ses Avocat & Procureur d'une part ; & les Peres Jesuites du
College de Loüis le Grand de cette ville de Paris , auquel est
unie ladite Abbaye aux Bois , deffendeurs & demandeurs en Requeste du 3.du present mois de Septembre,à ce qu'il plût à laCham-
bre déclarer la Procedure faite par ledit Magny nulle , qu'acte
leur fut donné , des offres qu'ils faisoient de faire enregistrer
leurs Baux de ladite Abbaye au Greffe dudit Magny , en payer
les droits en s'accordant avec le Commis du Diocese de Beauvais , auquel lieu ledit Enregistrement doit estre fait , & à qui
ledit droit appartient , & aux dépens ; Comparans par Maistre
Tribollet & le Coussin leurs Avocat & Procureur , d'autre part.

L ij

Après que Millin Avocat pour Magny , Tribollet Avocat pour les Peres Jesuites ont esté oüis , ensemble Lefebvre pour le Procureur du Roy : LA CHAMBRE a reçû la Partie de Tribollet opposante à la Sentence par deffaut , au principal ayant aucunement égard à ses offres , l'a condamné à faire enregistrer au Greffe des gens de Main morte de la Partie de Millin , les Baux dont est question , payer les droits d'Enregistrement & de Controlle dûs pour raison de ce , & aux dépens. Si mandons au premier Huissier de ladite Chambre , ou autre Huissier ou Sergent Royal sur ce requis , mettre ces Presentes à dûe & entiere execution selon leur forme & teneur ; de ce faire lui donnons pouvoir. Donné en ladite Chambre & sous le Scel d'icelle , le sixiéme jour de Septembre mil sept cens quatre. Collationné. Signé , ISSALY.

Seconde Sentence dont estoit appel du 17. Decembre 1704.

LES Presidens , Tresoriers Généraux de France en la Généralité de Paris , tenant la Chambre du Domaine & Tresor au Palais à Paris. A tous ceux qui ces Presentes Lettres verront , Salut. Sçavoir faisons ; Qu'entre Guillaume Lenoir , Bourgeois de Paris , chargé du recouvrement des deniers provenans du Controlle des Greffes des Baux & Titres des Domaines des gens de Main-morte du Royaume , poursuite & diligence de Maistre Charles Lebegue Commis à l'exercice du Controlle dans l'étenduë du Diocese de Beauvais , demandeur en Requeste du vingtiéme Novembre 1704. à ce qu'il fût reçû Partie intervenante en la cause pendante en la Chambre , & en tant que besoin est ou seroit , opposant à la Sentence du sixiéme Septembre dernier ; & y faisant droit , sans s'arrester à la demande du deffendeur ci-après nommé du deux Juillet 1704. il fût ordonné que la Declaration du Roy du sixiéme May précedent , seroit executée ; & en consequence , attendu que le Chef-lieu de l'Abbaye saint Martin aux Bois , & les biens en dépendans sont situez dans l'étenduë du Diocese de Beauvais , que les Jesuites du College de Loüis le Grand , tant en leurs noms , que comme prenant le fait & cause de leurs Fermiers , même lesdits Fermiers , seroient tenus de porter dans la huitaine au Bureau du demandeur à Beauvais les Baux des biens dé-

pendans de ladite Abbaye , pour y estre regiſtrez & controllez ,
& en payer les droits en conformité du Tarif , & en cas de refus
qu'ils y ſeront contraints , même les Fermiers par corps , & pour
ne l'avoir fait , qu'ils ſeront condamnez chacun en trois
cens livres d'amende , & ledit deffendeur condamné aux dépens , & deffendeur , comparant par Maiſtres de Vaux & Feloix
ſes Avocat & Procureur , d'une part ; & Maiſtre François Magny Commis à l'exercice du Greffe des Domaines des gens de
Main-morte du Dioceſe de Paris , & Controlle , deffendeur , &
demandeur en deux Requeſtes des trois & onziéme Decembre
preſent mois ; la premiere , afin d'oppoſition à l'execution de la
Sentence ſurpriſe par deffaut par ledit Lenoir le vingt-ſixiéme
Novembre , ſignifiée le vingt-ſeptiéme ; la ſeconde à ce que la
Sentence qui interviendroit , tant ſur la Requeſte dudit Lenoir
du vingtiéme Novembre dernier ; que ſur celle dudit Magny
du troiſiéme du preſent mois , ſeroit déclarée commune avec
leſdits Peres Jeſuites , ce faiſant , qu'en recevant ledit Magny
oppoſant à la Sentence dudit jour vingt-ſixiéme Novembre dernier , ledit Lenoir ſeroit débouté de ſon intervention & demande portée par ladite Requeſte du vingtiéme dudit mois , & en
conſequence que la Sentence dudit jour ſixiéme Septembre dernier ſeroit executée ſelon ſa forme & teneur , & ledit Lenoir
condamné aux dépens de la preſente demande , comparant par
Maiſtres Millin & Claude-François Cherier ſes Avocat & Procureur , d'une part , & leſdits Peres Jeſuites du College de Loüis
le Grand , & ledit Lenoir , deffendeurs , comparant ledit Lenoir
comme deſſus , & leſdits Jeſuites deffaillans d'autre part. Après
que Millin Avocat pour Magny , Devaux Avocat pour Lenoir
ont eſté oüis : LA CHAMBRE a reçû la Partie de Millin
oppoſante à l'execution de la Sentence par deffaut , au principal a reçû la partie de Devaux partie intervenante ; & ſans s'ar-
reſter à ſon intervention , dont elle eſt déboutée , ordonne que
la Sentence contradictoire du ſixiéme Septembre dernier ſera
executée , a donné deffaut contre les défaillans , & pour le profit déclare la preſente Sentence commune , condamne la Partie
de Devaux aux dépens ; ce qui ſera executé nonobſtant oppoſition
ou appellation quelconques , & ſans y préjudicier. Si mandons au
premier Huiſſier de ladite Chambre , ou autre Huiſſier ou Sergent
Royal ſur ce requis , mettre ces Preſentes à dûë & entiere execution ſelon leur forme & teneur ; de ce faire lui donnons pou-

voir. Donné en ladite Chambre , & sous le Scel d'icelle , le dix-septiéme Decembre mil sept cens quatre. Collationné.

Signé , ISSALY.

TROISIE'ME SENTENCE DONT ESTOIT APPEL.

Extrait des Registres de la Chambre du Domaine du Palais à Paris, du onziéme Mars mil sept cens cinq.

DEFAUT à Maistre François Magny Commis à l'exercice du Greffe des Domaines des gens de Main-morte du Diocese de Paris , demandeur aux fins de la Requeste , Commission & Exploits des vingt-neuviéme Janvier & septiéme Fevrier dernier , à ce que le deffendeur ci-après nommé fût tenu de rendre & restituer la somme de trois cens livres à laquelle le demandeur s'est restraint pour tous les droits des Baux des Fermiers de l'Abbaye saint Martin aux Bois , unie au College de Loüis le Grand , & que les enregistremens faits depuis l'Arrest du deuxiéme Septembre 1691. les frais d'assignation donnée aux Fermiers , & qu'il seroit en outre condamné en l'amende de trois cens livres pour chacune contravention , & aux dépens : Comparant par Maistres Millin Avocat & Claude François Cherier son Procureur , contre Charles Lebegue Commis au Greffe des Enregistremens des Gens de Main-morte du Diocese de Beauvais , deffendeur & défaillant : Par vertu duquel deffaut, LA COUR a condamné le défaillant à payer à la Partie de Millin la somme de trois cens livres , à laquelle il s'est restraint pour tous les droits des Baux de ladite Abbaye saint Martin aux Bois ; le condamne en outre en trois cens livres d'amende pour chacune contravention , & à rembourser à la Partie de Millin les frais des assignations données à sa requeste aux Fermiers de ladite Abbaye , & aux dépens ; lesquels frais avec les dépens ci-dessus adjugez , seront taxez par une seule & même déclaration. Et sera la presente Sentence executée , nonobstant oppositions ou appellations quelconques , & sans y préjudicier : Et soit signifié. Collationné. Signé , ISSALY.

QUATRIE'ME SENTENCE DONT ESTOIT APPEL.

Extrait des Regiſtres de la Chambre du Domaine & Treſor du Palais à Paris, du premier Avril mil ſept cens cinq.

CONGE' à Maiſtre François Magny Commis à l'exercice du Greffe des Domaines des gens de Main-morte du Dioce-ſe de Paris, deffendeur : Comparant par Maiſtres Millin & Claude - François Cherier ſes Avocat & Procureur, contre Maî-tre Charles Lebegue Commis au Greffe des Enregiſtremens des gens de Main-morte du Dioceſe de Beauvais, demandeur en Requeſte du 21. Mars dernier, afin d'oppoſition à la Senten-ce du onziéme dudit mois, & défaillant : Par vertu duquel, LA CHAMBRE a débouté le défaillant de ſon oppoſition, & l'a condamné aux dépens; ce qui ſera executé nonobſtant oppo-ſitions ou appellations quelconques, & ſans y préjudicier. Et ſoit ſignifié. Collationné. Signé, ISSALY.

CINQUIE'ME SENTENCE DONT ESTOIT APPEL.

Extrait des Regiſtres de la Chambre du Domaine du Palais à Paris, du vingt-deuxiéme Avril mil ſept cens cinq.

CONGE' à Maiſtre François Magny, Commis à l'exercice du Greffe & Controlle des gens de Main-morte du Dioceſe de Paris, deffendeur : Comparant par Maiſtres Millin & Clau-de-François Cherier ſes Avocat & Procureur, contre Charles Le-begue Commis à l'exercice du Greffe de l'Enregiſtrement du Dio-ceſe de Beauvais, demandeur en Requeſte du ſeptiéme du preſent mois, afin d'oppoſition à laSentence du premier ditdu preſent mois, & défaillant : Par vertu duquel défaut, LA CHAMBRE a débouté le défaillant de ſon oppoſition, & l'a condamné aux dépens. Et ſoit ſignifié. Collationné. Signé ISSALY.

EDIT DU ROY

Du mois de Mars 1708.

Portant confirmation des Proprietaires des Offices de Greffiers des Insinuations Ecclesiastiques & des Domaines des Gens de Main-morte , & de Controlleurs desdits Greffiers dans la Possession desdits Offices , à la charge de payer par lesdits Proprietaires un supplement de finance.

Registré en Parlement le 21. Mars 1708.

LOUIS par la grace de Dieu Roy de France & de Navarre : A tous presens & à venir ; Salut. Par nostre Edit du mois de Decembre 1691. Nous avons créé des Offices de Greffiers des Insinuations Ecclesiastiques dans chacun des Dioceses de nostre Royaume pour insinuer tous les Actes concernant les matieres Beneficiales , avec attribution de trois cens livres de gages à chacun , pour trois quartiers de quatre cens livres , outre les droits fixez par le Tarif arresté en nostre Conseil le 11. dudit mois. Par autre nostre Edit des mêmes mois & an , Nous avons aussi créé des Offices de Greffiers des Domaines des Gens de Main-morte pour tenir des Registres de leurs Baux , & autres actes mentionnez audit Edit , avec attribution des droits qui y ont esté reglez sans aucuns gages ; & par autre nostre Edit desdits mois & an Nous avons encore créé des Offices de Notaires Royaux Apostoliques aux fonctions , & droits y attribuez par iceluy ; desquelles creations nous avons reconnu l'utilité : mais nous estant fait representer le compte qui nous a esté rendu de la vente de ces Offices , & informez d'ailleurs du produit par rapport aux émolumens , Nous avons reconnu que cette alienation a esté faite avec un si grand avantage pour les acquereurs desdits Offices , que de les y confirmer , seroit une raison suffisante pour éxiger d'eux une finance proportionnée : mais voulant encore leur attribuer certains droits , & leur assurer la perception d'autres dont ils n'ont point de titres , Nous avons écouté favorablement les remontrances qui nous ont esté faites

par

par les Syndics des Clergez de plusieurs Diocéses, que par Arrest de nostre Conseil du dix May mil sept cens sept ayant bien
voulu accorder aux Greffiers des Insinuations Ecclesiastiques la
faculté d'insinuer à l'exclusion de nostre Fermier General des
droits des Insinuations Laiques les Titres Clericaux des Ecclesiastiques, cette faculté leur devient inutile à cause que par ledit Arrest le droit n'est point fixé, & que dans nostre Edit du
mois de Decembre 1691. & le Tarif arresté en consequence, il
n'en a point esté reglé ; & par les mêmes Syndics des Clergez que les Greffiers des Domaines des gens de Main-morte
souffroient un notable préjudice, en ce que par nostre Edit du
mois de Decembre 1691. ayant esté fait deffenses d'éxiger aucun
droit pour l'enregistrement des Baux de la somme de vingt livres, & au-dessous, les gens de Main-morte affectent de mul-
tiplier leurs Baux pour les réduire à un prix qui soit de vingt
livres & au-dessous, & de les affranchir du droit d'enregistrement : Et à l'égard des Notaires Royaux & Apostoliques, Nous
sommes informez qu'ils se sont fait payer avant nostre Edit du
mois d'Aoust 1706. certains droits pour le Scel des actes Ecclesiastiques qui n'estoient establis qu'en faveur du Fermier qui
les devoit percevoir à nostre profit, ce qui a causé plusieurs
contestations entre eux, pour lesquelles ils pourroient estre recherchez, si nous ne voulions bien les en décharger. Et comme par
nostredit Edit du mois d'Octobre 1703. Nous avons créé des Offices de Controlleurs de Greffiers des Insinuations Ecclesiastiques, & Domaines des gens de Main-morte, ausquels outre
les gages nous avons attribué la moitié des droits attribuez
auxdits Greffiers, & reglé la finance sur le pied de celle par eux
payée, ce qui rend leur condition également avantageuse, outre qu'ils profiteront de la moitié des nouveaux droits que nous
attribuons par le present Edit auxdits Greffiers ; Nous avons lieu
de croire qu'ils se disposeront volontiers à nous donner des mar-
ques de leur zele dans les pressans besoins de nostre Estat : c'est
pourquoi nous avons résolu de faire payer par tous les Proprietaires desdits Offices, soit qu'ils ayent esté acquis par des Particuliers, réunis au Clergez des Dioceses, ou à des Communautez ou autrement un supplément de finance proportionné à
leur juste valeur, & d'attribuer des gages & augmentations de
gages aux Proprietaires desdits Greffes des gens de Main-morte,
des Insinuations Ecclesiastiques, & des Offices de Controlleurs

M

Et comme les Dioceses d'Alais & de Blois ont esté érigez depuis nos Edits du mois de Decembre 1691 & que les fonctions de pareils Offices y sont aussi necessaires que dans les autres Dioceses de nostre Royaume, Nous avons résolu d'y établir des Offices de Greffiers des Insinuations Ecclesiastiques, de Greffiers des gens de Main-morte, de Controlleurs desdits Greffiers & de Notaires Royaux Apostoliques. A CES CAUSES, & autres à ce nous mouvans de nostre certaine science, pleine puissance & autorité Royale, Nous avons par nostre present Edit perpetuel & irrevocable confirmé, & confirmons les Proprietaires des Offices de Greffiers des Domaines des gens de Main-morte, Greffiers des Insinuations Ecclesiastiques, & des Offices de Controlleurs desdits Greffiers dans la possession & jouissance desdits Offices, & droits dont ils continuëront de jouir ainsi qu'ils ont fait par le passé; comme aussi lesdits Notaires Royaux & Apostoliques que nous avons en outre déchargez, & déchargeons de toutes recherches qui pourroient estre faites contre eux pour raison des droits de Scel des Actes Ecclesiastiques par eux induëment exigez. Voulons que l'Arrest de nôtre Conseil du dixiéme May mil sept cens sept soit executé, & que les Titres Clericaux soient insinuez par lesdits Greffiers des Insinuations Ecclesiastiques à l'exclusion de nostre Fermier des Insinuations Laïques, auxquels Nous permettons de se faire payer pour l'Insinuation de chacun Titre Clerical un droit de six livres, à quoi nous l'avons fixé, & fixons par ces Presentes, Faisons deffenses à nostre Fermier des Insinuations Laïques de les y troubler.

Ordonnons encore qu'il sera payé à l'avenir aux Proprietaires des Greffes des Domaines des gens de Main-morte quinze sols pour le droit d'enregistrement de chacun des Baux des biens des gens de Main-morte de la somme de vingt livres & au-dessous, lequel droit sera payé par les Preneurs desdits Baux dans les termes & sous les mêmes peines portées par nostre Edit du mois de Decembre 1691. auquel Nous avons dérogé pour ce regard seulement.

N'entendons neanmoins assujettir audit droit de quinze sols d'enregistrement des Baux de la somme de vingt livres, & au-dessous les Baux des biens appartenans aux Fabriques des Paroisses & aux Colleges.

Voulons qu'il soit payé aux Controlleurs desdits Greffiers des infinuations Ecclefiaftiques , & Gens de Main-morte la moitié des droits reglez par noftre prefent Edit pour l'Infinuation des Titres Clericaux des Ecclefiaftiques , & pour l'enregiftrement des Baux de vingt-livres, & au-deffous.

A la charge tant par lefdits Controlleurs que par lefdits Greffiers , & Notaires Royaux Apoftoliques de nous payer par forme de fupplément de finance les fommes pour lefquelles ils feront employez dans les Rolles que nous ferons arrefter en nôtre Confeil , & les deux fols pour livre defdites fommes , & encore par lefdits Greffiers , & Controlleurs, des gages & augmentations de gages au denier feize , à l'effet dequoi Nous avons par noftre prefent Edit créé , & creons vingt-cinq mille livres de gages , & augmentations de gages hereditaires au denier feize pour eftre repartis aux Proprietaires defdits Offices de Greffiers & Controlleurs fuivant les Rolles que nous en ferons arrefter en noftre Confeil ; defquels gages , & augmentations de gages le fonds fera fait dans les Etats de nos Domaines à commencer du premier Janvier dernier, pour en eftre payez par les Receveurs Generaux de nos Domaines en exercice fur leurs fimples quitrances ; & la finance qui proviendra tant dudit fupplément de finance que defdits gages , & augmentations de gages fera par eux payée fur les quittances du Treforier des Revenus Cafuels , & les deux fols pour livre fur celles de celui que nous chargerons de l'execution du prefent Edit , moitié un mois après la fignification qui leur fera faite des Rolles , & l'autre moitié deux mois après ; & faute par les Proprietaires defdits Offices de Greffiers , & Controlleurs , de payer lefdites fommes dans les temps cy-deffus : Permettons à celui qui fera par Nous prepofé pour l'execution du prefent Edit de les déposfeder en leur rembourfant la finance qui fe trouvera nous avoir été payée, après neanmoins que la liquidation en aura efté faite en noftre Confeil, où ils feront tenus de reprefenter leurs quittances de finance , provifions , & autres titres concernant la proprieté defdits Offices ; pour par ledit Prepofé les vendre & en difpofer en faveur de telles perfonnes que bon lui femblera, auxquelles fur fa nomination il fera expedié des provifions fans aucune difficulté , & fera par ledit Prepofé en attendant que la liquidation ait efté faite & l'expedition des Provifions, commis à l'exercice defdits Offices fur les fimples procurations, & jouïra des mêmes droits, & émolumens dont jouïffoient les

---

Notes marginales :

Ordonne qu'il fera payé aux Controlleurs defd. Greffiers la moitié defd. droits.

Lefdits Controlleurs Greffiers, & Notaires Royaux Apoftoliques payeront des fupplemens de finance, & les 2. fols pour liv.

Creation de creole de gages, & augmentations de gages au denier 16. pour eftre repartis ausdits Greffiers & Controlleurs.

Le fonds defd. gages fera fait dans les Etats du Domaines à commencer du premier Janvier 1708.

La finance defdits fupplemens, & gages & les 2. d. pour liv. fera payée moitié un mois après la fignification des Rolles, & l'autre moitié deux mois après.

Les Proprietaires defdits Offices de Greffiers & de Controlleurs en feront depoffedez faute par eux de payer ladite finance dans les temps cy-deffus.

En attendant la liquidation de la finance des Offices dont les Proprietaires feront depoffedez, & l'expedition des Provifions.

Proprietaires ; à l'effet de quoi ceux qui feront par lui commis feront reçûs par nos Juges ordinaires fans frais, ni droits.

Voulons en outre que dans les Dioceses où les Offices de Notaires Royaux & Apostoliques ont esté acquis par des Particuliers, ou unis à ceux de Notaires Royaux lefdits Supplémens de finances ne foient payez que par lefdits Particuliers feuls ou par les Notaires Royaux établis dans les Chefs-lieux defdits Dioceses en corps, & folidairement ; fauf à eux d'en faire la repartition fur tous les autres Notaires Royaux réfidans dans l'étenduë de chacun defdits Dioceses, lefquels ont contribué à la finance qui a esté payée pour la réunion defdits Offices de Notaires Royaux Apoftoliques, & au fol la livre de ce que chacun d'eux en a payé, à la charge d'en faire le recouvrement à leur diligence, & à leurs frais, ainfi qu'il a esté pratiqué en execution des Arrefts de noftre Confeil qui ont réunis lefdits Offices, laquelle repartition ne pourra eftre cependant executée que les Eftats n'en ayent esté vifez par les Sieurs Commiffaires départis dans nos Provinces & Generalitez.

Nous avons de la même autorité que deffus, créé, & érigé, créons & érigeons en titre d'Office formé & hereditaire deux Offices de Greffiers des Infinuations Ecclefiaftiques, deux Offices de Greffiers des Domaines des Gens de Main-morte, quatre Offices de Controlleurs defdits Greffiers, & huit Offices de Notaires Royaux & Apoftoliques, pour eftre établis dans les Dioceses de Blois & d'Allais, à l'inftar de ceux créez par les Edits du mois de Decembre 1691. & Octobre 1703. avec les mêmes titres, qualitez, fonctions, droits, émolumens, facultez, & Privileges portez par Nofdits Edits fans aucune difference ; & en outre avons attribué & attribuons aufdits Offices de Greffiers & Controlleurs dans lefdits deux Dioceses des gages faifant partie des vingt-cinq mille livres créez par le prefent Edit, ainfi qu'ils feront reglez par les Rolles ; à l'exercice defquels Offices celui qui fera par Nous prepofé pourra commettre fur fa fimple Procuration en attendant la vente ; Nous refervant de pourvoir à l'indemnité des Proprietaires des Offices de Greffiers des Infinuations Ecclefiaftiques, de Greffiers des Domaines des gens de Main-morte, & de Notaires Royaux des Dioceses qui auroient droit d'exercer lefdits Offices dans les Dioceses de Blois & d'Allais.

Et pour faciliter aux Proprietaires defdits Offices, même aux

Acquereurs de ceux créez par le present Edit le payement des sommes qu'ils sont tenus de nous fournir, Nous leur permettons de les emprunter, & voulons que les Particuliers qui presteront leurs deniers à cet effet ayent un Privilege special sur le prix desdits Offices, gages & augmentations de gages, à l'effet dequoi, Enjoignons au Receveur de nos Revenus Casuels de recevoir les declarations qui lui seront faites, & d'en faire mention dans les quittances de finances lors qu'il en sera requis.

Ne pourront ceux qui sont pourvûs des Offices créez par le present Edit estre augmentez à la Capitation laquelle il continueront de payer comme avant l'acquisition desdits Offices.

SI DONNONS EN MANDEMENT à nos Amez & Feaux les gens tenans nostre Cour de Parlement, Chambre des Comptes, & Cour des Aydes à Paris, que nostre present Edit ils ayent à faire lire, publier & registrer, & le contenu en icelui garder & observer de point en point selon sa forme & teneur nonobstant tous Edits, Declarations Arrests, Reglemens, & autres choses à ce contraires, ausquels nous avons dérogé & dérogeons par le present Edit, aux copies duquel collationnées par l'un de nos Amez & Feaux Conseillers-Secretaires Voulons que foy soit ajoûtée comme à l'Original. CAR tel est nostre plaisir. Et afin que ce soit chose ferme & stable à toûjours Nous y avons fait mettre nostre Scel. DONNE' à Versailles au mois de Mars l'an de grace mil sept cens huit, & de nostre Regne le soixante cinquiéme. Signé LOUIS, & plus bas, par le Roy, PHELYPEAUX, *Visa* PHELYPEAUX, & au-dessous, vû au Conseil, DESMARETZ, Et Scellé du grand Sceau de cire verte.

Registré, oüy & ce requerant le Procureur General du Roy, pour estre executé selon sa forme & teneur; & copies collationnées envoyées au Siege du Chasteles de Paris, pour y estre lû, publié, & enregistré: Enjoint au Substitut du Procureur General du Roy audit Siege d'y tenir la main, & d'en certifier la Cour dans huitaine, suivant l'Arrest de ce jour. A Paris en Parlement le vingt-un Mars mil sept cens huit. Signé, DONGOIS.

ARREST

DU CONSEIL D'ESTAT DU ROY.

Du 6. Mars 1708.

Qui commet Maistre Jean le Doux pour faire le recouvrement des sommes qui doivent estre payées, en execution de l'Edit du mois de Mars 1708.

Extrait des Regiſtres du Conſeil d'Etat.

LE Roy ayant par ſon Edit du preſent mois de Mars ordonné que les Proprietaires de Offices de Greffiers des Inſinuations Eccleſiaſtiques, de Greffiers des Domaines des gens de Main-morte, & de Notaires Royaux Apoſtoliques créez par trois differens Edits du mois de Decembre 1691. & des Offices de Controlleurs deſdits Greffiers créez par autre Edit du mois d'Octobre 1703. ſeront tenus de payer tant par forme de Supplément de Finance, & pour eſtre confirmez dans la poſſeſſion & joüiſſance deſdits Offices, que pour de nouveaux droits attribuez auxdits Offices de Greffiers & Controlleurs, & pour des gages & augmentations de gages auſſi à eux attribuez par ledit Edit du mois de Mars, les ſommes auxquelles ils ſeront moderément taxez par les Rolles qui en ſeront arreſtez au Conſeil ; par lequel Edit Sa Majeſté auroit créé des Offices de Greffiers des Inſinuations Eccleſiaſtiques, & Greffiers des Domaines des Gens de Main-morte, & des Notaires Royaux Apoſtoliques, comme auſſi des Offices de Controlleurs deſdits Greffiers pour eſtre établis dans les Dioceſes de Blois & d'Allais aux gages & droits y attribuez. Du recouvrement deſquelles ſommes, & de la finance qui proviendra de la vente deſdits Offices, Sa Majeſté par reſultat de ſon Conſeil du 3. du preſent mois de Mars auroit chargé Maiſtre Jean le Doux Bourgeois de Paris aux conditions portées par icelui, & voulant accelerer l'execution dudit

Edit: Oüy le rapport du Sieur DESMARETZ Conseiller ordinaire au Conseil Royal, Controlleur General des Finances : SA
MAJESTE' EN SON CONSEIL, a ordonné & ordon-
ne que l'Edit du present mois de Mars, & le resultat de 3. dudit mois seront executez selon leur forme & teneur, & en consequence que ledit le Doux, ses Procureurs, commis ou pré-
posez recevront les sommes qui proviendront tant desdits Supplemens de finance qui seront payez par les Proprietaires desdits
Offices de Greffiers des Insinuations Ecclesiastiques, de Greffiers des Domaines des gens de Main-morte, de Notaires
Royaux Apostoliques, & Controlleurs desdits Greffiers, que
des gages & augmentations de gages attribuez ausdits Offices de
Greffiers & de Controlleurs, & de la vente desdits Offices de
Greffiers des Insinuations Ecclesiastiques, de Greffiers des Domaines des gens de Main-morte, de Notaires Royaux Apostoliques, & de Controlleurs desdits Greffiers créez par ledit Edit,
suivant les Rolles qui en seront arrestez au Conseil, & ce sur leurs
Recepissez portant promesse de leur rapporter les quittances du
Tresorier des revenus casuels pour la finance principale desdits
supplemens de finance, desdits gages & augmentations de gages, & desdits Offices, & sur les quittances dudit le Doux pour
les deux sols pour livre. Veut & ordonne Sa Majesté qu'il ne soit
payé pour les droits de Marc-d'or, Sceau & frais de Provisions
desdits Offices nouvellement créez, que ceux portez par les tarifs arrestez à cet effet pour les premieres Provisions des nouveaux Offices, & que ledit le Doux joüisse sur ses simples quittances des gages & augmentations de gages attribuez ausdits Offices jusqu'aux jours desdites quittances de finance, & qu'à cet
effet le fonds en soit fait dans les Etats de ses domaines, à commencer du premier Janvier dernier. Ordonne en outre Sa Majesté que les autres clauses & conditions portées par ledit resultat seront executées selon leur forme & teneur en vertu du
present Arrest, pour l'execution duquel toutes Lettres necessaires seront expediées & scellées. Enjoint Sa Majesté aux Sieurs
Intendans & Commissaires départis dans les Provinces & Generalitez de son Royaume d'y tenir la main. Fait au Conseil d'E-
tat du Roy tenu à Versailles le sixiéme jour de Mars mil sept
cens huit. Collationné, Signé GOUJON. Avec paraphe.

LOUIS par la grace de Dieu Roy de France & de Navarre, Dauphin de Viennois, Comte de Valentinois & Diois,

Provence, Forcalquier, & Terres adjacentes : A nos Amez, & Feaux Conseillers en nos Conseils les Sieurs Intendans & Commissaires départis pour l'execution de nos ordres dans les Provinces & Generalitez de nostre Royaume : SALUT, suivant l'Arrest dont l'extrait est ci-attaché sous le Contre-scel de nôtre Chancellerie, ce jourd'hui donné en nostre Conseil d'Estat pour l'execution de l'Edit du present mois y mentionné : Nous vous mandons & enjoignons de tenir la main chacun en droit soi à l'execution d'icelui ; commandons au premier nostre Huissier ou Sergent sur ce requis de signifier ledit Arrest à tous qu'il appartiendra à ce qu'ils n'en ignorent, & de faire en outre pour l'entiere execution d'icelui à la Requeste de Jean le Doux par Nous chargé du recouvrement de la finance provenant de l'execution dudit Edit, tous commandemens, sommations, & autres Actes & exploits necessaires sans autre permission, nonobstant clameur de Haro, Chartre Normande & Lettres à ce contraires ; Voulons qu'aux copies dudit Arrest & des presentes düément collationnées par l'un de nos amez & Feaux Conseillers-Secretaires foy soit ajoûtée comme aux Originaux : CAR tel est nostre plaisir. Donné à Versailles le sixiéme jour de Mars l'an de grace mil sept cens huit, & de nostre Regne le soixante-cinquiéme : Par le Roy, Dauphin, en son Conseil. Signé, GOUJON avec paraphe ; Et scellé du grand Sceau de cire rouge.

Collationné aux Originaux par Nous Conseiller-Secretaire du Roy, Maison, Couronne de France & de ses Finances.

ARREST
DU CONSEIL D'ESTAT DU ROY.

Du 4. Fevrier 1710.

Portant que les Proprietaires des Offices de Greffiers des Insinuations Ecclesiastiques & des Domaines des gens de Main-morte, & de Controlleurs desdits Greffiers seront tenus de payer les sommes portées par les Rolles arrestez le 17. Avril 1708. En execution de l'Edit du mois de Mars 1708. huitaine après la signification dudit Arrest, à peine d'y estre contraints, même par depossession & vente desdits Offices.

Extrait des Registres du Conseil d'Etat.

LE Roy s'étant fait representer en son Conseil l'Edit du mois de Mars 1708. portant entre autres choses confirmation des Proprietaires des Offices de Greffiers & de Controlleurs des Insinuations Ecclesiastiques, des Domaines des gens de Main-morte, & de Notaires Royaux Apostoliques dans la possession desdits Offices, avec attribution de nouveaux droits à aucuns d'eux pour l'Insinuation & Controlle des Titres Patrimoniaux des Ecclesiastiques, & l'Enregistrement des baux des biens des gens de Main-morte de vingt livres, & au dessous, à la charge par eux de payer par forme de supplement de finance les sommes pour lesquelles ils seroient employez dans les Rolles qui seroient à cet effet arrestez au Conseil, & les deux sols pour livre desdites sommes : Et encore par lesdits Greffiers & Controlleurs des gages & augmentations de gages au denier seize : de l'execution duquel Edit Sa Majesté auroit chargé Maistre Jean le Doux par Résultat & Arrest du Conseil des 5. & 6. dudit mois. Et Sa Majesté étant informée que les Clergez de plus des trois quarts des Dioceses du Royaume ont payé les sommes ausquelles ils ont esté moderez, au lieu de celles pour lesquelles ils avoient esté compris comme Proprietaires desdits Offices dans les Rolles arrestez au Conseil le 17. Avril 1708. en consequence dudit Edit, que nonobstant les modera-

N

tions propoſées aux Clergez qui ſont Propriétaires de pareils Offices dans le reſte deſdits Dioceſes, ſur les ſommes pour leſquelles ils ont auſſi eſté compris dans les mêmes Rolles, ils négligent de les payer ſous differens prétextes, dans l'eſperance qu'en éloignant ce payement, ils pourront ſe diſpenſer de le faire, ou en eſtre dechargez dans la ſuite, ce qui eſt contraire aux intentions de Sa Majeſté : A quoy deſirant pourvoir : Oüi le rapport du Sieur Deſmaretz Conſeiller ordinaire au Conſeil Royal, Controlleur General des Finances : SA MAJESTE' EN SON CONSEIL, a ordonné & ordonne que les Proprietaires des Offices de Greffiers & de Controlleurs des Inſinuations Eccleſiaſtiques, des Domaines des Gens de Mainmorte, & de Notaires Royaux Apoſtoliques qui n'ont point encore payez les ſommes pour leſquelles ils ont été compris dans les Rolles arreſtez au Conſeil le 17. Avril 1708. que Sa Majeſté veut eſtre executez à leur égard ſelon leur forme & teneur, ſeront tenus de les payer, enſemble les deux ſols pour livre deſdites ſommes entre les mains dudit le Doux ou de ſes Prépoſez huitaine après la ſignification qui leur ſera faite du preſent Arreſt, ſinon ledit temps paſſé, Sa Majeſté lui a permis & permet de les y faire contraindre par toutes voyes dûës & raiſonnables, même par dépoſſeſſion & vente deſdits Offices, ſans qu'il ſoit tenu d'aucun rembourſement, Sa Majeſté ſe reſervant d'y pourvoir en temps & lieu, à l'effet de quoi il pourra établir tels Commis qu'il jugera à propos pour en faire les fonctions, même de ceux deſdits Offices qui n'ont point eſté exercez juſqu'à preſent, & pour en recevoir les droits & émolumens, ſuivant & conformément aux Edits de creation deſdits Offices, Tarifs, Declarations & Arreſts rendus en conſequence, à la charge toutefois par ledit le Doux d'en tenir compte juſqu'aux jours des ventes aux Proprietaires deſd. Offices ſur les ſommes pour leſquelles ils ont eſté compris dans leſdits Rolles, à la deduction ſeulement des frais qui ſeront faits pour raiſon de ce, comme auſſi des appointemens, ou remiſes des Commis qui ſeront par lui prepoſez aux fonctions deſdits Offices ; auxquels Commis Sa Majeſté ordonne que tous les Regiſtres tant anciens que nouveaux concernant les fonctions deſdits Offices ſeront remis par leſdits Proprietaires, ou par ceux qui les ont en leur poſſeſſion, à quoi faire ils ſeront contraints huitaine après le commandemᵗ fait à leurs perſonnes, ou à

leurs domiciles , fous peine contre lefdits Proprietaires de perte de leurs finances ; defquels Regiftres les Commis qui feront
prépofez par ledit le Doux fe chargeront au pied de l'inventaire qui en fera fait par le premier Juge fur ce requis. Fait Sa
Majefté deffenfes aufdits Proprietaires & à tous autres de les
troubler dans les fonctions defdits Offices , ni de percevoir aucuns des droits & émolumens y attribuez , à peine de concuffion , & de deux cens livres d'amende pour chacune contravention. Ordonne en outre Sa Majefté que les Proprietaires defdits
Offices de Greffiers & de Controlleurs , ou ceux qu'ils y ont
commis pour en faire l'exercice feront tenus de rendre compte
audit le Doux ou à fes prepofez des nouveaux Droits qui leur
ont efté attribuez par ledit Edit du mois de Mars 1708. tant
pour l'Infinuation & Controlle des Titres Patrimoniaux des Ecclefiaftiques , que pour l'Enregiftrement & Controlle des baux
des biens des gens de Main-morte de vingt livres , & au-deffous
depuis le jour de l'Enregiftrement dudit Edit , & de leur en
remettre le produit , à peine d'y eftre contraints par toutes voyes
düés & raifonnables , à la deduction feulement de trois fols pour
livre qu'ils pourront retenir par leurs mains pour tous falaires
& vacations. Enjoint Sa Majefté aux Sieurs Intendans & Commiffaires départis dans les Provinces & Generalitez du Royaume de tenir la main à l'execution du prefent Arreft , lequel fera executé nonobftant oppofitions & autres empéchemens quelconques , & pour lefquels ne fera differé , & dont fi aucuns
interviennent , Sa Majefté s'en referve & à fon Confeil la con-
noiffance , & icelle interdit à toutes fes autres Cours & Juges.
Fait au Confeil d'Etat du Roy tenu à Verfailles le quatriéme
Février mil fept cens dix. Collationné , Signé , GOUJON , avec
paraphe.

L OU I S par la grace de Dieu Roy de France & de Navarre , Dauphin de Viennois , Comte de Valentinois & Dijois,
Provence , Forcalquier & Terres adjacentes : A nos Amez &
Feaux Confeillers en nos Confeils , les Sieurs Intendans &
Commiffaires départis pour l'execution de nos ordres dans les
Provinces & Generalitez du Royaume ; Salut, Suivant l'Arreft
dont l'extrait eft ci-attaché fous le contre-Scel de noftre Chancellerie ce jourd'hui donné en noftre Confeil d'Etat pour les
caufes y contenuës , Nous vous enjoignons de tenir la main
chacun en droit foy à l'execution d'icelui. Commandons au

premier noſtre Huiſſier , ou Sergent ſur ce requis de ſignifier ledit Arreſt aux y dénommez , & à tous qu'il appartiendra, à ce qu'ils n'en ignorent , & de faire en outre pour l'entiere execution d'icelui à la Requeſte de Jean le Doux y nommé tous commandemens, ſommations, contraintes y portées , & autres Actes & Exploits neceſſaires ſans autre permiſſion , nonobſtant clameur de Haro, Charte Normande , & Lettres à ce contraires. Voulons que ledit Arreſt ſoit executé nonobſtant oppoſitions & autres empêchemens quelconques, & pour leſquels ne ſera differé , & dont , ſi aucuns interviennent, Nous nous en reſervons & à noſtre Conſeil la connoiſſance, & icelle interdiſons à toutes nos autres Cours & Juges. Voulons en outre qu'aux copies dudit Arreſt & des Preſentes düément collationnées par l'un de nos Amez & Feaux Conſeillers-Secretaires foy ſoit ajoûtée comme aux Originaux : Car tel eſt noſtre plaiſir. Donné à Versailles le quatriéme jour dé Février , l'an de grace mil ſept cens dix , & de noſtre Regne le ſoixante-ſeptiéme. *Et plus bas eſt écrit :* Par le Roy, Dauphin, Comte de Provence , en ſon Conſeil. Signé , G O U J O N avec paraphe , & ſcellé du grand Sceau de cire rouge.

Collationné aux Originaux par Nous Conſeiller-Secretaire du Roy , Maiſon , Couronne de France & de ſes Finances.

SENTENCE
DE LA CHAMBRE DU DOMAINE.
Du 21. Mars 1711.

Qui condamne les Prestres de l'Oratoire de la ruë Saint Honoré à
passer déclaration generale au Greffe des gens de Main-morte
du Diocese de Paris , des biens & revenus qu'ils ont dans dif-
ferens Dioceses , &c.

LES Presidens Tresoriers Generaux de France en la Generalité de Paris , tenans la Chambre du Domaine & Tresor au Palais à Paris : A tous ceux qui ces Presentes Lettres verront ; Salut. Sçavoir faisons ; qu'entre Maistre François Magny
Commis à l'Exercice du Greffe des Domaines des gens de
Main-morte du Diocese de Paris , & du Controlle ; demandeur
aux fins de l'Exploit du 7. Juin 1710. à ce que les deffendeurs
ci-après nommez fussent condamnez de porter ou envoyer au
Bureau dudit Diocese leur déclaration generale de tous les biens
qu'ils possedent , tant des biens à Fermes , que de ceux dont
ils joüissent & font valoir par leurs mains , suivant les Edits &
Declarations , soit de leur ancien Domaine , nouvel Acquest ,
que Donation , Fondation , Union , ou autrement , pour icelle
estre registrée & controllée ; lui payer les Droits pour ce dûs
& attribuez; comme aussi porter ou envoyer les Baux des biens qui
leurs sont unis, qui sont hors le Ressort du Diocese, pour y estre registrez & controllez , à compter du jour de l'Arrest du 2. Septembre 1692. qui a reglé le chef-lieu pour les droits d'enregistrement & de Controlle , dont ils se feront rembourser par lesdits Fermiers avec dépens, Comparant par Maistres Millin & Michel, ses Avocat & Procureur , d'une part. Et les Prestres de l'O-
ratoire des Maisons ruë saint Honoré , & de l'Institution Fauxbourg saint Michel, deffendeurs , comparans par Maistres Thevart & Pierre Bernier leur Avocat & Procureur , d'autre part.
Et entre lesdits Prestres de l'Oratoire desdites Maisons ruë saint

Honoré, & de l'Institution, demandeurs en Requeste & Commission de la Cour, des dix-huit Juin 1710. & Exploits faits en consequence, les quinze Juillet, neuf & vingt-huit Aoust, seize & vingt-quatre Septembre, & vingt-quatre Octobre 1710. à ce qu'il plût à la Chambre de faire assigner en icelle les deffendeurs ci-après nommez, en qualité de Syndics des Dioceses, dans lesquels lesdits Prestres de l'Oratoire ont des biens & des heritages, pour prendre leur fait & cause, faire cesser la demande & prétention dudit Magny, portée dans ledit exploit du 7. Juin 1710. contester & faire juger avec ledit Magny, qu'ils ont droit chacun à leur égard, & dans leurs Dioceses d'enregistrer les Baux à fermes des Domaines dépendans, unis & appartenans ausdites deux Maisons de l'Oratoire, de recevoir les Droits d'Enregistrement desdits Baux qui leur ont esté payez, & faire renvoyer lesdits Prestres de l'Oratoire quittes & absous de la demande & conclusion prise par Magny, sinon & faute de ce faire, en cas que ledit Magny obtienne à ses fins; condamner les deffendeurs chacun à leur égard, de rendre & restituer ausdits Prestres de l'Oratoire, ou à leurs Fermiers & Locataires, les sommes qui ont esté reçües pour lesdits droits d'Enregistement dans lesdits Dioceses, suivant les reçûs que les Greffiers ou Commis en ont donnez, les interests desdites sommes à compter du jour qu'ils les ont reçües jusqu'à parfait payement, aux dommages & interests soufferts & à souffrir par lesdits Prestres de l'Oratoire, & de les acquitter & indemniser des condamnations qui pourroient intervenir au profit dudit Magny, tant en principaux que dépens, tant en demandant, deffendant, que de la sommation, & en ceux de l'instance, & pour en outre répondre à telles autres fins & conclusions que lesdits Prestres de l'Oratoire voudroient contre eux prendre, Comparans par lesdits Thevart & Bernier leurs Avocat & Procureur d'une part; Et Maistre François Ragot, Prestre Curé de Marans, Syndic du Clergé du Diocese de la Rochelle; Maistre Jean Liennard, Syndic du Clergé du Diocese de Laon; Maistre Jean-Baptiste Maubuisson, Prestre Chanoine du Diocese de Chartres, & Syndic du Clergé dudit Diocese; Maistre Loüis d'Hericourt, Syndic du Clergé du Diocese de Soissons; Maistre Pierre Morin, Chanoine & Chantre de l'Eglise de Meaux Syndic du Clergé dudit Diocese. Et Maistre François d'Hillerin, Prestre, Prevôt de l'Eglise Cathedrale de Luçon, & Syndic dudit Diocese; deffendeurs & comparans. Sçavoir,

ledit Ragot , Syndic du Diocese de la Rochelle , par Maistre
Couëzeau le jeune son Procureur ; ledit Lienard Syndic dudit
Diocese de Laon, par Maistre Lequeux son Procureur ; ledit Maubuisson , Syndic de Chartres , par Maistre Millot son Procureur , ledit d'Hericourt , Syndic du Clergé de Soissons , par
Maistre Miger son Procureur ; ledit Morin Syndic du Diocese
de Meaux & autres , par Maistres Regnault & Godequin , leur
Avocat & Procureur ; Et ledit d'Hillerin Syndic du Diocese de
Luçon , par Maistres Baudin & Chapotin , ses Avocat & Procureur, d'autre part. Et encore entre lesdits Prestres de l'Oratoire demandeurs en Requeste du vingt-quatre Novembre 1710. à ce
qu'il leur fût donné Acte de ce qu'ils avoient satisfait à la Sentence de la Cour du deux Juillet dernier, & suivant icelle fait
assigner & mis en cause lesdits Syndics desdits Dioceses cy-dessus,
dans l'étenduë desquels Dioceses ils possedent des Domaines &
heritages , qui ont esté unis ausdites Maisons de l'Oratoire ; à
ce que ledit Magny ait à contester avec lesdits Syndics & Greffiers desdits Dioceses, & faire juger qu'il a droit d'enregistrer
les Baux à fermes des heritages qui appartiennent auxdites Maisons situées dans lesdits Dioceses , & de recevoir les droits d'Enregistrement, aux offres que lesdits Prestres de l'Oratoire font au
desir des Edits & Declarations du Roy , de faire faire lesdits
Enregistremens , & de payer les Droits dans le Diocese, & à
ceux à qui la Cour l'ordonnera. Et en cas que ledit Magny ne
réussisse pas dans la demande qu'il a faite , & qu'il seroit jugé
par la Cour que les Prestres de l'Oratoire seroient faire lesdits Enregistremens & payemens de droits dans chacun desdits
Dioceses, condamner ledit Magny dans ce cas en tous les dépens
esquels il a donné lieu , faits par lesdits Prestres de l'Oratoire,
tant à son égard , qu'en ceux qu'ils ont esté obligez de faire ou
leurs Fermiers , contre lesdits Syndics & Greffiers desdits Dioceses , même d'acquitter lesdits Prestres de l'Oratoire de ceux dans
lesquels ils pourroient succomber envers lesdits Syndics & Greffiers ; & aussi en cas que ledit Magny obtint à ses fins , & qu'il
soit jugé par la Cour, que ce sera à lui que lesdits Enregistremens seront faits, & les droits payez ; condamner aussi dans ce
cas lesdits Syndics & Greffiers desdits Dioceses , chacun à leur
égard , de rendre & de restituer ausdits Prestres de l'Oratoire
ou à leurs Fermiers les sommes qu'ils ont esté obligez de payer
pour lesdits droits d'Enregistrement & de Controlle , aux in-

terefts defdites fommes du jour de la demande qu'ils en ont
faite, en leurs dommages & interefts, & aux dépens, tant en
ceux qui pourroient eftre prétendus par Magny, contre lefdits
Preftres de l'Oratoire, que fur les demandes en fommation,
tant en demandant, deffendant, que des fommations, & en ceux
de l'inftance, Comparans par lefdits Thevar & Bernier leur Avocat
& Procureur, d'une part; & ledit Magny, & lefdits Syndics
des Dioceses de la Rochelle, Luçon, Chartres, Meaux, Soiffons, & Laon, deffendeurs, comparans comme deffus, d'autre part.
Et entre Maiftre Claude Antoine Chevalier, Chanoine de l'Eglife
de Paris, & Syndic dudit Diocefe, demandeur en Requefte du
deux Decembre 1710. à ce qu'il fût reçû partie intervenante
dans la caufe d'entre ledit Magny, d'une part, & lefdits Prê-
tres de l'Oratoire, d'autre; qu'il lui fût donné Acte de ce que
pour moyens d'intervention, il employe le contenu en ladite
Requefte, & de ce que en tant que befoin feroit il prenoit le
fait & caufe dudit Magny, & qu'il adheroit aux conclufions que
ledit Magny a prifes par ledit Exploit du fept Juin; Ce faifant, adjuger les conclufions prifes par ledit Magny, Comparant par lefdits
Millin & Michel, fes Avocat & Procureur, d'une part. Et lefdits
Preftres de l'Oratoire deffendeurs, Comparans par lefd. Thevart &
Bernier leur Avocat & Procureur, d'autre part; Et encore lefdits
Preftres de l'Oratoire de la Maifon ruë faint Honoré, demandeurs
en autre Requefte du deux Mars 1711. à ce qu'il leur fût donné acte de ce qu'ils prenoient le fait & caufe de Martin Bocquet
leur Fermier de Jully, & de ce qu'ils concluoient contre le deffendeur cy-après nommé, qu'en cas que ledit Magny obtint à
fes fins, il plût à la Chambre en adjugeant le profit du deffaut
obtenu par Bocquet contre le Syndic de Meaux, renvoyé à
la Chambre par Sentence du quatorze May 1709. condamner
le Deffendeur de rendre & de reftituer audit Bocquet Fermier
des demandeurs, les fommes de vingt-fept livres cinq fols fix
deniers, d'une part; & autres vingt-fept livres cinq fols fix deniers d'autre, que ledit Bocquet a payez pour droit d'Enregiftrement & de Controlle de fon Bail au Diocefe de Meaux; Enfemble les autres fommes que les Fermiers defdits Preftres de
l'Oratoire ont efté obligez de payer pour lefdits droits d'Enregiftrement, fuivant les quittances qui en feront reprefentées,
en leurs dommages & interefts, & aux dépens, tant en demandant, deffendant, que de la fommation, & en ceux de ladite
demande,

demande , qui feront taxez avec ceux adjugez par ladite Sentence du quatorze May 1709. par mêmes declarations Comparans par lefdits Thevart & Bernier leur Avocat & Procureur , d'une part; Et ledit Syndic de Meaux deffendeur Comparant par lefdits Regnault & Godequin fes Avocat & Procureur , d'autre part; après que Millin Avocat pour Magny , & pour le Syndic dudit Diocefe de Paris ; Thevart Avocat pour les Preftres de l'Oratoire ; Couëzeau le jeune Procureur pour le Syndic du Diocefe de la Rochelle ; Lequeux Procureur du Syndic du Diocefe de Laon ; Millot Procureur du Syndic du Diocefe de Chartres ; Miger Procureur du Syndic du Clergé de Soiffons ; Regnault Avocat du Syndic du Diocefe de Meaux ; Baudin Avocat du Syndic du Diocefe de Luçon , ont efté oüis pendant deux Audiances ; Enfemble le Fevre pour le Procureur du Roy ; LA CHAMBRE auroit ordonné par Sentence du quatre Mars 1711. que les pieces feroient mifes fur le Bureau pour en eftre déliberé : & après qu'il en a été deliberé, LA CHAMBRE ayant aucunement égard à la demande de la Partie de Millin , condamne les Parties de Thevart de faire enregiftrer au Greffe des Gens de Main-morte du Diocefe de Paris , leur declaration des biens à eux appartenans , tant dans ledit Diocefe , qu'autres en dépendans , & fituez dans d'autres Diocefes , & d'en payer les droits , à compter depuis l'année 1692. feulement , & continuer à l'avenir ; conformement à la Declaration du Roy , & Arreft du Confeil , du deux Septembre 1692. & 6. May 1704. & les condamne aux dépens. Et ayant aucunement égard aux demandes en fommation des Parties de Thevart , adjugeant le profit du deffaut obtenu contre le Chapitre de Meaux ; condamne les Parties de Regnault, Millot , Couëzeau le jeune , & les Deffaillans , à rendre & reftituer aufdites Parties de Thevart , tous & chacuns les deniers qu'ils ont reçûs pour droits d'Enregiftrement des biens appartenans aufdites Parties de Thevart , fituez dans les Diocefes de Meaux , Chartres , Soiffons , & la Rochelle , depuis ladite année 1692. & les condamne aux dépens , tant en demandant qu'en deffendant , que de la fommation , envers lefdites Parties de Thevart , chacun à leur égard , même des refervez par la Sentence de la Chambre du quatorze May 1709. déboute lefdites Parties de Thevart de leurs demandes contre les Parties de Baudin & Lequeux , & les condamne aux dépens auffi chacun à leur égard. Et fera la prefente Sentence executée nonobftant

O

oppositions ou appellations quelconques, & sans y préjudicier. Si mandons au premier des Huissiers de la Chambre, ou autre Huissier sur ce requis mettre la presente Sentence à dûe & entiere execution, selon sa forme & teneur; de ce faire lui donnons pouvoir. Donné en ladite Chambre, & sous le Scel d'icelle, le vingt-unième jour de Mars de l'année mil sept cens onze.

Signé, BROQUET.

Le treize Avril mil sept cens onze, signifié à Maistre Lequeux, Couëzeau le jeune, Millot, Chapotin, Miger, Godequin, & Bernier, Procureurs. Signé, DANYN.

ARREST
DE LA COUR DE PARLEMENT.

Du 29. Juillet 1711.

*Portant que les Sentences de la Chambre du Domaine dont étoit appel,
sortiront leur plein & entier effet, & que les Baux des biens & revenus de la Mense Abbatiale de l'Abbaye S. Michel en L'herme Diocese de Luçon, & autres unis au College Mazarin de la Ville
de Paris, seront enregistrez & Controllez au Greffe & Controlle des Domaines des Gens de Main-morte du Diocese de Paris,
comme estant ledit College le Chef-lieu de ladite Abbaye & de
ses dépendances, &c.*

EXTRAIT DES REGISTRES DU PARLEMENT.

LOUIS par la grace de Dieu Roy de France & de Navarre. Sçavoir faisons : Qu'entre les Grand-Maistre & Procureur du College Mazarin établi en l'Université de Paris, Appellans des Sentences renduës en la Chambre du Domaine du
Palais à Paris, les six Septembre 1704. vingt-deux Juillet, &
dix-sept Septembre 1705. d'une part : Et Messire Jean le Normant Prestre, Docteur de la Maison & Societé de Sorbonne,
Chanoine de saint Honoré, Official de Paris, Syndic du Diocese, ayant repris au lieu & place de Messire
Gobillon vivant Prestre, Docteur de ladite Maison & Societé
de Sorbonne, Curé de Saint Laurent, ayant pris le fait & cause de Maistre François Magny, Commis à l'exercice du Greffe des Domaines des gens de Main-morte dudit Diocese, Intimé. Et entre lesdits Grand-Maistre & Procureur du College
Mazarin, demandeurs aux fins des Commission & Exploits des
neuf, dix & vingt-quatre Decembre mil sept cens cinq, & Jean
Penetreau, Jeanne Masseau, Jean Masseau, François Canneau,
Marchand associez en l'Isle de Ré, à present Fermiers & Receveurs de l'Abbaye Saint Michel en L'herme, unie audit College Mazarin, & Maistre Jean Marchand Notaire Royal à la
Rochelle, & Pierre Masseau, ci-devant Notaire Royal audit
lieu, precedens Fermiers & Receveurs de ladite Abbaye, def-

fendeurs. Et entre lefdits Penetreau , Maſſeau & leurs femmes, Intervenans & Appellans par Requeſte du quatre Janvier 1706. aux perils & fortunes de Maiſtre Rochard & du Clergé de la Rochelle , tant de la Sentence du vingt-deux Juillet 1705. que de tout ce qui s'en eſt enſuivi , & ledit le Normant audit nom Intimé , deffendeurs, & lefdits Grand-Maiſtre & Procureur du College Mazarin , deffendeurs. Et entre lefdits Penetreau & Jeanne Maſſeau ſa femme , Jean Maſſeau & Françoiſe Couvreau ſa femme , demandeurs en Requeſte du ſix Fevrier 1706. & Maiſtre André Rochard Receveur des Domaines du Dioceſe de la Rochelle, Greffier , Receveur & Controlleur des droits de Main-morte dudit Clergé , les Grand-Maiſtre & Procureur dudit College Mazarin , & ledit le Normant , deffendeurs. Et entre ledit le Normant , demandeur eſdits noms en Requeſte du trois Fevrier 1707. & lefdits Penetreau , Maſſeau & leurs femmes , Grand-Maiſtre & Procureur du College Mazarin , deffendeurs. Et entre lefdits Penetreau , Maſſeau & leurs femmes, demandeurs en Requeſte du vingt-un Mars 1707. appellans & adherans à leurs appellations aux perils & fortunes du Dioceſe de Paris , de la Sentence par deffaut obtenuë par ledit Rochard en la Chambre du Domaine , le dix-neuf Fevrier precedent , & de ce qui s'en eſt enſuivi , & ledit Rochard Intimé , ledit le Normant, & lefdits Grand-Maiſtre & Procureur du College Mazarin , deffendeurs. Et entre lefdits Penetreau , Maſſeau & leurs femmes , oppoſans par acte du deux Avril 1707. à l'Arreſt par deffaut du dix-huit Mars 1707. ſignifié le dix-neuf dudit mois , & ledit le Normant & le College Mazarin , deffendeurs. Et entre ledit College Mazarin , demandeur en Requête du dix-huit May 1707. & lefdits Jean Maſſeau & Penetreau, & leurs femmes , Jean Michau & Pierre Maſſeau , deffendeurs. Et entre lefdits Penetreau , Maſſeau & leurs femmes , demandeurs en Requeſte du quatorziéme Juillet 1707. & lefdits le Normant , Rochard , Grand-Maiſtre & Procureur du College Mazarin , deffendeurs. Et entre ledit le Normant , demandeur en Requeſte du ſix Avril 1709. ſignifiée le ſix May enſuivant , & lefdits Grand-Maiſtre & Procureur du College Mazarin , lefdits Penetreau , Maſſeau & leurs femmes , & Maiſtre François Ragot , Preſtre , Curé de Marans , Syndic du Dioceſe de la Rochelle , deffendeurs. Et entre ledit College Mazarin, demandeur en Requeſte du onze Juin 1709. & lefdits Maſſeau , Pe-

netreau & leurs femmes , Jean Masseau & Pierre Masseau , deffendeurs. Et entre lesdits Michau & Masseau , demandeurs aux
fins de la Commission du deux Janvier 1706. & Exploit fait en
consequence le neuf dudit mois de Janvier , & ledit Rochard,
deffendeur. Et entre ledit Ragot Intervenant , demandeur en
Requeste du cinq Mars 1710. & lesdits le Normant , Grand-
Maistre , Principal , & Procureur du College Mazarin , Penetreau , Masseau & leurs femmes , Michau & Pierre Masseau ,
deffendeurs. Et entre ledit le Normant , demandeur en Requeste
du vingt-huit Juin 1710. & lesdits Grand-Maistre & Procureur
dudit College Mazarin, deffendeurs. Et entre ledit Ragot , appellant des Sentences renduës en la Chambre du Domaine , les six
Septembre 1704. douze Juillet 1705. & vingt-un Mars 1711. &
demandeur en Requeste du vingt-trois Juillet audit an 1711. &
Messire Claude Antoine Chevalier Chanoine de l'Eglise , & Syndic du Clergé du Diocese de Paris , au lieu & place dudit le Normant , lesdits Grand-Maistre , & Procureur du College Mazarin , Michau & Pierre Masseau , Penetreau & Consors , Intimez , & deffendeurs. Vû par nostre Cour de Parlement
la Sentence renduë en la Chambre du Domaine du Palais à
Paris , le six Septembre 1704. Entre Maistre François Magny ,
Commis à l'exercice du Greffe du Domaine des gens de Main-
morte du Diocese de Paris , & du Controlle, créé par Edit du
mois d'Octobre 1703. & Declaration du six May 1704. demandeur aux fins de l'exploit du quatorze Aoust 1704. d'une part,
& lesdits Grand-Maistre , Principal & Procureur du College
Mazarin, deffendeurs d'autre : Par laquelle les Grand-Maistre
& Procureur auroient esté condamnez à faire registrer au Greffe
des gens de Main-morte dudit Magny les Baux dont estoit
question ; & avant faire droit sur le surplus de la requeste dudit
Magny concernant le payement des droits , ordonné que dans
un mois pour toutes prefixions & delais , les Grand-Maistre &
Procureur justifieroient de l'enregistrement desdits Baux prétendus faits au Greffe des lieux , pour ce fait rapporté & commu-
niqué au Substitut de nostre Procureur General , estre ordonné
ce que de raison , depens reservez. La Sentence renduë en la
Chambre du Domaine du vingt-deux Juillet 1705. par laquelle lesdits Grand-Maistre , Principal & Procureur du College Mazarin , auroient esté reçûs Opposans à la Sentence par deffaut ;
au principal ordonné que la Declaration du Roy du six May

1704. fera executée, & en consequence lesdits Grand-Maistre & Procureur condamnez à faire controller le dernier Bail, enregistrer & controller le Bail courant commencé au premier Janvier 1705. des revenus de l'Abbaye de saint Michel en L'herme, & en payer les droits suivant les Edits, & en tous les dépens. La Sentence renduë en la Chambre du Domaine le dix-sept Septembre 1705. par laquelle les nommez Prevost Maistre de Pension, Nezeau Maistre Boulanger, Galice de Chasteauneuf, & Poizet Maistre Chandelier, auroient esté déclarez débiteurs dudit College, & comme tels condamnez à vuider leurs mains en celles dudit Magny de toutes les sommes par eux duës, ladite Sentence déclarée commune avec lesdits Grand-Maistre, Principal & Procureur du College Mazarin, condamnez chacun à leur égard aux dépens. La Commission & demande obtenue en Chancellerie le neuf Decembre 1705. par les Grand-Maistre & Procureur du College Mazarin, aux fins de faire assigner lesdits Penetreau & Consors, & autres leurs anciens Fermiers & Cautions des Revenus temporels dépendans de la manse Abbatiale de l'Abbaye Royale de saint Michel en L'herme, pour voir dire, qu'en réiterant & continuant leurs précedentes dénonciations, ils auroient acte de ce qu'ils leurs sommoient & dénonçoient lesdites Sentences de la Chambre du Domaine, des six Septembre 1704. vingt-deux Juillet & dix-sept Septembre 1705. les appellations qu'ils en avoient interjettées, la demande afin de main-levée des deffenses portées par l'Arrest du dix Octobre 1705. & toutes les autres poursuites & procedures faites contre eux, tant par ledit Magny, que par ledit Gobillon, prenant son fait & cause ; ce faisant que lesdits Fermiers seroient tenus de se joindre ausdits Grand-Maistre & Procureur pour faire infirmer lesdites Sentences, & débouter lesdits Magny & Gobillon de leurs demandes & prétentions, avec main-levée diffinitive des saisies faites entre les mains des Locataires desdits Grand-Maistre & Procureur, dépens, dommages & interests, sinon voir dire qu'ils seroient tenus de les acquiter, garentir, & indemniser de toutes les condamnations contre eux prononcées par lesdites Sentences, & qui pourroient encore intervenir contre eux dans la suite, tant en principal qu'interests & dépens, & condamnez en tous les dépens, tant en demandant, deffendant, que de la sommation, & en leurs dépens, dommages & interests soufferts & à souffrir. Exploits d'assignations donnez en consequence les dix & vingt-quatre Decembre 1705. Deffenses desdits Michau & Masseau des vingt-six Fevrier 1709. La Requeste d'intervention desdits Penetreau, Masseau & leurs femmes du quatre, signifiée le six Janvier mil sept cens six, à ce que faisant droit sur ladite intervention, acte leur fût donné de ce qu'ils déclaroient, comme ils avoient déja fait, prendre le fait & cause desdits du College Mazarin; ce faisant, ils fussent aussi de leur chef receus Appellans aux risques, perils & fortunes desdits du Clergé de la Rochelle, & de Rochard leur Commis, tant de la Sentence du vingt deux Juillet 1705. que de tout ce qui avoit esté fait en vertu d'icelle; émendant, lesdits du College Mazarin, & lesdits Penetreau & Consors déchargez des condamnations portées par lesdites Sentences; pleine & entiere main levée fût faite ausdits du College Mazarin des saisies & executions faites sur leurs Locataires, ledit Magny condamné en leurs dommages & interests, & en ceux desdits Penetreau & Consorts, & en tous les dépens, tant des causes principales que d'appel, demandant, deffendant, que de la sommation, sauf audit Magny à se pourvoir contre qui & ainsi qu'il avisera bon estre, sans prejudice des autres droits, actions & pretentions, & qu'acte leur fût donné de l'emploi pour moyens d'intervention. La Requeste & demande desdits Penetreau & Consorts, du six Fevrier 1706. à ce qu'acte leur fût donné de la dénonciation qu'ils faisoient audit Rochard de la Requeste d'opposition du vingt-sept Novembre 1705. donnée par ledit Gobillon, comme prenant le fait & cause dudit Magny, à l'execution de l'Arrest obtenu par lesd. du College Mazarin le 10. Octobre 1706. & en consequence l'Arrest qui interviendroit sur icelle opposition, ensemble sur leur Requeste d'intervention, déclaré commun avec ledit Rochard; & à cet effet, l'Instance pendante & indécise en la Chambre du Domaine entre lui & Penetreau & Consors, sur la demande en sommation qu'ils lui auroient faite de celle dudit Magny; & y faisant droit ledit Rochard fût condamné à faire valoir la Quittance qu'il avoit donnée ausdits Penetreau & Consors, le vingt-trois Juin 1705. de la somme de cent cinquante livres, pour le droit d'Enregistrement & de Controlle de leur Bail, & en tous les frais des poursuites & procedures qu'ils avoient esté & seroient contraints de faire, & en tous autres pour raison desdits droits d'Enregistrement & de Controlle du même Bail, les garantir & indemniser des condamnations intervenuës, & qui pourroient intervenir pour raison du même fait, tant contre eux, que contre lesdits du College Mazarin, tant en principal, que frais & dépens, sinon leur rendre & restituer la somme de cent cinquante livres contenuë en ladite Quittance, & en outre aux dommages & interests desdits Penetreau & Consorts, & desdits du College Mazarin, par eux soufferts, & qu'ils souffriroient ci-après, à l'occasion des contraintes & saisies sur eux faites à la requeste dudit Magny, & en tous les dépens, tant en demandant, deffendant, que de la sommation même à eux faite par lesdits Penetreau & Consors au Siege de la Rochelle, sur la demande dudit Rochard contre eux faite pour ledit Enregistrement & Controlle de leur Bail, sans préjudice à leurs autres droits, actions, prétentions, & dépens, & de prendre ci-après telles autres conclusions qu'ils verront bon estre. Exceptions & deffenses dudit Rochard, des dix-neuf & vingt Mars 1706. Repliques desdits Penetreau & Consors, du vingt-huit Avril audit an. La Requeste & demande dudit le Normant du trois Fevrier 1707 à ce qu'acte lui fut donné de la déclaration faite par lesdits Grand-Maistre & Procureur du College Mazarin le vingt-sept Janvier audit an, qu'ils se rapportoient à Justice d'ordonner ce qu'il lui plairoit sur lesdites appellations, & en consequence l'appellation fût mise au neant, lesdits du College Mazarin condamnez en l'amende & aux dépens, & aux frais & mises d'execution; ce faisant, sans s'arrester à la requeste dudit Penetreau & Consors du quatre Janvier 1706. ils fussent déclarez non recevables en leurdit appel, & condamnez en l'amende & aux dépens. La Sentence renduë en la Chambre du Domaine le dix-neuf Fevrier 1707. entre ledit Rochard deffendeur, lesdits Penetreau & Consors, demandeurs en sommations des demandes & prétentions dudit Magny; par laquelle ledit Penetreau & Consors auroient esté déboutez de leur demande & condamnez aux dépens. Requeste desdits Penetreau & Consors, du 21. Mars 1707. contenant leur appel aux risques, perils & fortunes du Diocese de Paris, de ladite Sentence du dix-neuf Fevrier 1707. & demande à ce qu'acte leur fût donné de ce qu'ils sommoient & dénonçoient ledit appel auxdits du Diocese de Paris, à ce qu'ils fussent tenus de fournir moyen pour faire infirmer ladite Sentence, sinon qu'ils seroient décheus des droits de Controlle & d'Enregistrement qu'ils prétendent; & en consequence, faisant droit sur toutes les

contestation

contestations & demandes des Parties, les appellations interjettées tant par lesdits du Collége Mazarin, que par lesdits Penetreau & Consors, prenant leur fait & cause, desdites Sentences des vingt-deux Juillet & dix-sept Septembre 1705. saisies
& executions faites en vertu d'icelles sur les debiteurs & locataires dudit College Mazarin, & ce, fussent mis au neant ; é-
mendant, ils fussent déchargez, & lesdits du College, des condamnations contre eux prononcées par lesdites Sentences ; ce
faisant, pleine & entiere main-levée fût faite pure & simple de
toutes les saisies & executions faites sur leurs débiteurs, ledit
Magny, & lesdits du Diocese de Paris condamnez en leurs dommages & interests soufferts & à souffrir, & en tous les dépens,
tant des causes principales, que d'appel, même en ceux faits
contre ledit Rochard, sur la demande en sommation en la Chambre du Tresor & en la Cour, sauf à eux à se pourvoir contre
ledit Rochard & tous autres qu'ils verroient bon estre ; & où
la Cour confirmeroit lesdites Sentences, saisies & executions,
l'appel interjetté par ledit Penetreau & Consors de ladite Sentence du dix-neuf Fevrier 1707. & ce, fût mis au neant ; émendant, ledit Rochard condamné de garentir & indemniser lesdits Penetreau & Consors de toutes les condamnations qui auroient esté & seroient prononcées au profit dudit Magny, &
desdits du Clergé de Paris, contre lesdits du College Mazarin,
Penetreau & Consors ; ce faisant, condamnez à payer en leur acquit la somme de cinq cens livres qu'il avoit receuë & exigée
d'eux, suivant sa Quittance du vingt-cinq Juin 1705. dont il
leur rapporteroit bonne & valable décharge, & en outre en
leurs dommages & interests, & en ceux du College Mazarin
soufferts & à souffrir, à l'occasion des mêmes saisies & executions, & aux dépens, tant des causes principales, que d'appel, demandant, deffendant, de la sommation ; même en ceux
faits par lesdits du College Mazarin, contre lesdits Penetreau
& Consors, ledit Magny & lesdits du Clergé de Paris. L'Acte
d'opposition formée par ledit Penetreau & Consors le deux A-
vril 1707. à l'execution de l'Arrest du dix-huit Mars audit an.
La Requeste & demande desdits Grand-Maistre & Procureur du
College Mazarin du dix-huit May 1703. à ce qu'où lesdits Penetreau & consors seroient déboutez de leurs oppositions, les
conclusions qu'ils avoient prises par les Commission & Exploits
des neuf, dix & vingt-quatre Decembre 1705. leurs fussent ad-

P

adjugées contre eux & condamnez de payer & rembourser auxdits du College les sommes qu'ils pourroient estre contraints
de payer ausdits le Normant & Magny, avec les interests, &
en tous les dépens, tant en demandant, deffendant, que de la
sommation. La Requeste & demande desdits Penetreau & consors, du quatorze Juillet 1707. à ce qu'acte leur fût donné de
ce qu'ils n'entendoient ni prendre le fait & cause du College
Mazarin, ni faire infirmer les condamnations obtenuës contre
ledit College par le Clergé de Paris, par rapport aux droits
concernans les prétendus Baux des Terres dont il s'agissoit, mais
uniquement pour ce qui concernoit les droits d'enregistrement
du Controlle de leur Bail ; acte leur fût pareillement donné des
offres qu'ils avoient toûjours faites, & qu'ils réïteroient de payer
au Clergé de Paris les mêmes droits d'enregistrement & de Controlle de leur Bail, en le faisant dire & ordonner avec le Clergé de la Rochelle, ou Rochard son Commis, auquel ils auroient esté contraints de payer une premiere fois lesdits droits,
sauf leur recours contre ledit Rochard : Et en consequence,
attendu qu'ils n'estoient en aucune demeure, faute par le Clergé de Paris de s'estre accordé avec le Clergé de la Rochelle,
ils fussent déchargez des condamnations contre eux prononcées
par lesdites Sentences, & des demandes contre eux formées par le
College Mazarin, celui du Syndic du Clergé de Paris, ou dudit Rochard qui succomberoit, fût condamné aux dépens faits
par les autres Parties, tant entre eux que contre lui. La Requeste & demande dudit le Normant, du dix Avril 1709. à ce
qu'il fût ordonné que les Edits & Declarations du Roy des mois
de Decembre 1691. six May 1704. & autres jours, enregistrez
en la Cour, seroient executez selon leur forme & teneur ; ce
faisant, sans s'arrester aux appellations interjettées par lesdits
Penetreau & consors, qui seroient mises au neant, ni à leur intervention prise de fait & cause desdits du College Mazarin,
dont ils seront déboutez, lesdites Sentences & l'Arrest confir-
matif d'icelles, du dix-sept Decembre 1706. fussent déclarez
communs avec lesdits Grand-Maistre, Principal & Procureur
du College Mazarin, & avec ledit Ragot Syndic du Diocese
de la Rochelle ; ce faisant lesdites appellations interjettées desdites Sentences par lesdits du College Mazarin fussent mises au
neant ; ordonner que ce dont estoit appel sortira son plein &
entier effet, en consequence lesdits du College Mazarin con-

damnez à faire controller le Bail par eux fait aux nommez Maſſeau & Micheau le 29. Novembre 1699. des Terres, Seigneuries Dars & de Loix, & les Portes en l'Iſle de Ré, membres dépendant de l'Abbaye de ſaint Michel en L'herme unie audit College Mazarin : comme auſſi faire enregiſtrer & controller le nouveau Bail par eux fait à Penetreau, Maſſeau & leurs femmes deſdites Terres, commencé au premier Janvier 1705, au Greffe des gens de Main-morte du Dioceſe de Paris, payer audit Greffe les droits de Controlle du premier Bail, & les droits d'enregiſtrement & de Controlle du ſecond Bail, ledit Ragot condamné pareillement de reſtituer audit Greffe du Dioceſe de Paris le droit d'enregiſtrement du premier Bail qu'il avoit indüëment reçû contre les termes des Edit & Declaration du Roy, deſdits Maſſeau & Micheau ; le tout ſuivant & au deſir des Edit & Declaration du Roy en queſtion, leſdits du College Mazarin condamnez en l'amende, & en tous les dépens faits par ledit le Normant, tant en cauſe principale que d'appel, tant contre eux, que contre Penetreau, Maſſeau & leurs femmes, comme y ayant donné lieu, & ledit Ragot, condamné chacun en droit ſoy aux dépens de l'incident, le tout ſauf le recours deſdits du College Mazarin contre qui & ainſi qu'ils verront bon eſtre. La Requeſte & demande du College Mazarin, du vingt Juin 1709. à ce qu'acte leur fût donné de ce qu'en continuant & réiterant leurs precedentes ſommations & dénonciations, ils ſommoient & dénonçoient auſdits Penetreau & conſors la nouvelle demande dudit le Normant du 6. May 1709. à ce qu'ils fuſſent tenus de faire ceſſer ladite demande, ſinon, & où ledit le Normant obtiendroit à ſes fins, qu'ils ſeroient tenus d'acquitter, garantir & indemniſer leſdits du College de toutes les condamnations qui pourroient intervenir contre eux, tant en principal, qu'intereſts & dépens ; & outre qu'ils ſeroient condamnez en tous les dépens, envers leſdits du College Mazarin, tant en demandant, deffendant, que de la ſommation, & en leurs dépens, dommages & intereſts ſoufferts & à ſouffrir, & aux dépens de l'incident. Arreſt du quatre Septembre 1709. par lequel ſur les appellations, les Parties auroient eſté appointées au Conſeil, & ſur leurs demandes en droit, & joint. Cauſes & moyens d'appel deſdits du College Mazarin, du 11. Janvier 1710. ſervant d'avertiſſement. Requête deſdits Penetreau & conſors, du ſept Mars mil ſept cens dix,

employée pour causes & moyens d'appel , avertissement , écritures & production. Requeste dudit le Normant , du cinq Fevrier
mil sept cens dix , employée pour réponse à causes d'appel. A-
vertissement desdits Micheau & Pierre Masseau , du dix-sept
Janvier mil sept cens dix. Production desdits du College Mazarin , le Normant , Penetreau & consors , Micheau & Pierre
Masseau. Requestes dudit le Normant , des cinq Fevrier & onze Mars 1710. employées pour causes d'appel & contredits. Requê-
tes desd. du College Mazarin , des 19. 20. & 22. Decembre 1710.
employées pour contredits contre lesd. Penetreau & consors , &
Ragot, des 12. & 31. Janvier 1711. servant de salvations. Requeste de
Claude Antoine Chevalier Syndic du Diocese de Paris du 7. Fevrier
audit an employée pour salvations; Sommation de fournir de réponse
à causes d'appel , produire & contredire par les autres Parties. La
commission & demande obtenuë en Chancellerie le 2. Janvier
1706. par lesdits Michau & Masseau , aux fins de faire assigner
à la Cour ledit Rochard , pour voir dire qu'ils auroient acte de
ce qu'ils lui dénonçoient & contresommoient la demande en
sommation contre eux formée par lesdits du College Mazarin,
par Commission & Exploit des neuf & vingt-quatre Decembre
mil sept cens cinq; ce faisant , qu'ils seront tenus de la faire
cesser , sinon & à faute de ce faire , & où il interviendroit quelque condamnation contre lesdits Michau & Masseau , qu'il seroit condamné de les en acquitter , garantir & indemniser , tant
en principal , interests & frais , dépens , dommages & interests
soufferts & à souffrir pour raison de ce , & en tous les dépens,
tant en demandant , deffendant , sommation que contresom-
mation. L'exploit d'assignation donnée en consequence le neuf
Janvier mil sept cens six, Exceptions & deffenses dudit Rochard
du deux Juillet mil sept cens six, Repliques desdits Michau &
Masseau , du vingt-six Fevrier mil sept cens neuf. Arrest d'ap-
pointé en droit & joint , du dix Janvier mil sept cens dix. A-
vertissement desdits Michau & Masseau , du vingt-sept Janvier
mil sept cens dix. Production desdits Michau & Masseau. Sommation de produire & contredire par ledit Rochard. La Requête d'intervention & demande de Ragot , du quinze Mars mil
sept cens , à ce que faisant droit sur ladite intervention , acte
lui fut donné de ce qu'il prenoit le fait & cause dudit Rochard;
ce faisant , sans s'arrester aux demandes desdits Penetreau , Masseau , & autres Fermiers de l'Abbaye saint Michel en L'herme,

Seigneuries Dars , Loix & les Portes , dépendantes de ladite
Abbaye, Chef-lieu , à celles dudit le Normant , dudit Magny,
& defdits du College Mazarin dont ils feront déboutez , ledit
Ragot audit nom fût maintenu en la poffeffion en laquelle eftoit
le Clergé du Diocefe de la Rochelle , depuis la location des
Charges de Greffiers & Controlleurs des Baux des Domaines
des gens de Main-morte de faire regiftrer à la Rochelle par leurs
Commis audit Greffe & Controlle les Baux à Ferme de ladite Abbaye faint Michel en L'herme , Seigneuries Dars, Loix &
les Portes en dépendantes , & en confequence ordonner que la
Sentence obtenuë par ledit Rochard le dix-neuf Fevrier 1707.
fera executée felon fa forme & teneur , celles des Parties qui
fuccomberont , condamnées en tous les dépens , faits tant par
ledit Rochard , que par ledit Ragot , & en ceux de la demande , & qu'acte lui fût donné de l'emploi pour moyen d'intervention. Deffenfes dudit le Normant , du vingt-fix Mars mil fept
cens dix. Arreft du vingt-huit dudit mois de Mars , par lequel ledit Ragot auroit efté reçû Partie intervenante ; acte de
fon emploi , & pour faire droit fur ladite demande, les Parties
appointées en droit , & joint. Production defdits Ragot & le Normant. Requefte defdits du College Mazarin & Ragot , des cinq
& quatorze Janvier mil fept cens onze , employées pour contredits. Sommation de produire & contredire par lefdits Penetreau
& confors , Micheau & Maffeau , produire par lefdits du College Mazarin , & contredire par ledit le Normant. Production
nouvelle dudit le Normant , par Requefte du fix May mil fept
cens dix. Autre production nouvelle dudit le Normant , par Requefte du feize dudit mois de May. Requefte dudit Ragot du
vingt Janvier mil fept cens onze employée pour contredits contre les deux productions nouvelles dudit le Normant. Production nouvelle dudit le Normant , par Requefte du dix-fept Juin
1710. Sommation de la contredire par ledit Ragot. La Requefte
& demande dudit le Normant du vingt-huit Juin mil fept cens
dix , à ce qu'en lui adjugeant fes fins & conclufions , ledit Ragot audit nom fût condamné à rendre & reftituer audit le Normant en ladite qualité de Syndic , les droits d'enregiftrement
payez au Greffe des Domaines des gens de Main-morte du Diocefe de la Rochelle , du Bail fait le fept Avril 1691. pardevant
Caillet & fon Confrere Notaires au Chaftelet de Paris , des
Terres & Seigneuries Dars , Loix & les Portes en l'Ifle de Ré ,

dépendantes de l'Abbaye saint Michel en L'herme , unie audit College Mazarin , enregiſtré audit Greffe le vingt-deux Septembre mil ſix cens quatre-vingt-douze , enſemble du Bail fait le neuf Octobre 1694. par leſdits du College Mazarin des mêmes Terres & Seigneuries , à Pierre Gilbon Marchand , & Suſanne de Conge ſa femme , enregiſtré pareillement audit Greffe , enſemble l'intereſt des ſommes auſquelles ſe trouveront monter les droits d'enregiſtremens , même du droit de Controlle receu par le Commis Greffier deſdits Domaines des gens de Main-morte du Dioceſe de la Rochelle ; du Bail des ſuſdites Terres le vingt-neuf Novembre 1699. aux nommez Maſſeau & Michau , du jour de la demande , juſqu'à l'actuel payement , ſuivant l'Ordonnance , ſans préjudice d'autres dûs , droits , actions , & ledit Ragot audit nom condamné en tous les dépens , & qu'acte lui fût donné de l'emploi pour écritures & production ſur ladite demande , ſur laquelle Requeſte auroit eſté mis en droit , & joint, & acte de l'employ. Requeſte dudit Ragot du 22. Janvier 1711. employée pour deffenſes, écritures & production. Requeſte deſd. du College Mazarin du 22. Decembre 1710. employée pour deffenſes, écritures & production , en execution de l'Arreſt du 28. Mars mil ſept cens dix , contenant leurs concluſions , à ce qu'acte leur fût donné de ce qu'ils ſe rapportoient à la Cour , comme ils avoient cy-devant fait , d'ordonner ce qu'il lui plairoit ſur les enregiſtremens & payement des Baux de l'Abbaye de ſaint Michel en L'herme dont eſt queſtion ; en conſequence ſur la demande dudit Ragot à l'égard deſdits du College Mazarin , les Parties fuſſent miſes hors de Cour , ledit Ragot condamné aux dépens , ſur laquelle Requeſte auroit eſté mis air acte , & au ſurplus en jugeant. Acte de repriſe fait au Greffe de la Cour par Meſſire Claude Antoine Chevalier Chanoine de l'Egliſe de Paris, Syndic du Dioceſe , du ſept Janvier mil ſept cens onze, au lieu dudit le Normant. Production nouvelle dudit Chevalier , par Requeſte du quinze Avril mil ſept cens onze. Contredits dudit Ragot du vingt-ſept Juillet audit an , ſervant de réponſes. Requeſte deſdits du College Mazarin , du cinq Juin mil ſept cens onze , à ce qu'en leur adjugeant leurs concluſions , où la Cour feroit quelque difficulté de leur adjuger les dépens qu'ils auroient faits contre ceux , contre qui ils les avoient demandez , ceux qui ſuccomberoient fuſſent condamnez en tous les dépens par eux faits en cauſe principale & d'appel , tant en demandant , deffen-

dant, que des sommations & contresommations, soit contre ledit Magny, ledit Chevalier, & tous autres, même en ceux de
la demande ; sur laquelle Requeste auroit esté reservé à faire
droit en jugeant. Requeste dudit Chevalier du huit Juin mil sept
cens onze, employée pour deffenses. Requeste dudit Ragot, du
vingt-six Juillet mil sept cens onze, employée pour salvations
& contredits, & à ce que sans s'arrester aux conclusions prises
par ledit Chevalier, ses conclusions lui fussent adjugées, & ledit Chevalier condamné en tous les dépens envers toutes les
Parties, même en ceux faits les uns contre les autres, comme
y ayant donné lieu ; sur laquelle Requeste auroit esté mis aît
acte, & au surplus en jugeant. La Sentence renduë en la Chambre du Domaine, le vingt-un Mai mil sept cens onze entre ledit Magny audit nom, demandeur, & les Prestres de l'Oratoire de la ruë saint Honoré, & de l'Institution du Fauxbourg S.
Michel deffendeurs & demandeurs, & ledit Ragot, & autres,
Syndics des Dioceses de la Rochelle, Laon, Chartres, Soisー
sons, Meaux, & Luçon, deffendeurs ; par laquelle ayant é-
gard à la demande dudit Magny, lesdits Prestres de l'Oratoire
auroient esté condamnez à faire registrer au Greffe des gens de
Main-morte du Diocese de Paris leurs déclarations des biens
à eux appartenans, tant dans ledit Diocese, qu'autres en dépendans, & situez dans d'autres Dioceses, & d'en payer les droits,
à compter depuis l'année 1692. seulement, & continuer à l'a-
venir, conformément à la Declaration du Roy & Arrest du
Conseil du deux Septembre 1692. & six May 1704. & condamnez aux dépens. Et ayant aucunement égard aux demandes en
sommation desdits Prestres de l'Oratoire, adjugeant le profit du
deffaut obtenu contre le Chapitre de Meaux, lesdits Syndics
auroient esté condamnez à rendre & restituer auxdits Prestres
de l'Oratoire tous & chacuns les deniers qu'ils auroient receus
pour droit d'enregistrement des biens appartenans aux Prestres
de l'Oratoire, situez dans les Dioceses de Meaux, Chartres, Soissons & la Rochelle, depuis ladite année mil six cens quatre-
vingt-douze, & condamnez aux dépens, tant en demandant,
deffendant, que de la sommation, envers lesdits Prestres de
l'Oratoire chacun à leur égard, même aux reservez par la Sentence du quatorze May 1709. Requeste dudit Ragot, du vingt-
trois Juillet 1711. contenant son appel desdites Sentences de la
Chambre du Domaine, des six Septembre mil sept cens quatre,

douze Juillet mil sept cens cinq, & vingt-un Mars mil sept cens
onze ; émendant, lesdits Grand - Maistre & Procureur du College Mazarin, fussent déchargez des condamnations prononcées au profit du Clergé de Paris, en consequence, sans s'arrester aux demandes desdits Penetreau, Masseau, Coreau, & autres Fermiers de ladite Abbaye, ni à celle du Syndic du Clergé
de Paris, & de son Commis, & des Grand-Maistre & Procureur du College Mazarin, dont ils seroient déboutez, ils fussent
maintenus & gardez en ladite qualité en la possession & jouïs-
sance en laquelle estoit le Clergé dudit Diocese de la Rochelle
depuis la creation des Charges de Greffiers & de Controlleurs
des Baux des Domaines des Gens de Main-morte, de faire enregistrer à la Rochelle par leur Commis audit Greffe & Controlle les Baux à Ferme de ladite Abbaye saint Michel en L'herme, Seigneuries Dars, Loix & les Portes en dépendantes ; ce
faisant les appellations interjettées par lesdits Penetreau & consors de la Sentence obtenuë par ledit Rochard le dix Fevrier mil
sept cens sept, fussent mises au neant : ordonner que ce dont a-
voit esté appellé sortiroit effet, ledit Syndic du Clergé de Paris condamné en tous les dépens, tant faits par ledit Rochard
en sadite qualité de Commis dudit Ragot, qu'autres, & envers toutes les Parties ; l'Arrest qui interviendroit sur lesdites
appellations & demandes déclaré commun, tant avec les Grand-
Maistre du College Mazarin, qu'avec lesdits Penetreau & consors, & les anciens Fermiers, pour estre executé avec eux selon sa forme & teneur, ce faisant, ses conclusions lui fussent
adjugées, avec dépens, & qu'acte lui fût donné de l'emploi pour
causes & moyens d'appel, avertissement, écritures & production ; sur laquelle Requeste auroit esté mis an acte, fourniroient
les Intimez & Deffendeurs de réponses & deffenses, écriroient
& produiroient dans huy, attendu l'état de l'Instance, & joint.
Requeste dudit Chevalier, du vingt-quatre dudit mois de Juillet, employée pour réponse à causes d'appel, deffendre & produire par les autres parties. Requeste desdits Michau & consors, du vingt-neuf Juillet mil sept cens onze, employées pour
écritures, production & contredits, en execution de tous les Reglemens. Sommation generale de satisfaire par toutes les Parties
à tous les Reglemens de l'instance : Conclusion de nostre Procureur General ; Tout joint & consideré. NOSTREDITE
COUR faisant droit sur le tout, sans s'arrester aux interven-
tions

tions defdits Penetreau , Jean Maffeau & leurs femmes , & dudit
Ragot , & à l'oppofition formée par lefdits Penetreau , Jean Maffeau & leurs femmes à l'execution de l'Arreft du dix-huit Mars
1707. dont elle les a déboutez , en tant que touche les appellations interjettées par lefdits Grand-Maiftre & Procureur du College Mazarin , des Sentences des fix Septembre 1704. vingt-deux
Juillet & dix-fept Septembre 1705. & par ledit Ragot defdites
Sentences des fix Septembre mil fept cens quatre - vingt - deux
Juillet mil fept cens cinq , & de celle du vingt-un Mars 1711.
a mis & met lefdites appellations au neant : Ordonne que ce
dont a efté appellé fortira effet , condamne lefdits Jean Penetreau & fa femme , Jean Maffeau & fa femme , Jean Michau
& Pierre Maffeau, à acquitter chacun à leur égard lefdits Grand-
Maiftre & Procureur du College Mazarin , des condamnations
portées par lefdites Sentences ; & fur l'appel defdits Penetreau,
Jean Maffeau & leurs femmes de la Sentence du dix-neuf Fevrier 1707. a mis l'appellation & ce dont il a efté appellé au
neant , émendant , condamne ledit Ragot audit nom à acquitter lefdits Penetreau , Jean Maffeau & leurs femmes , Jean Michau & Pierre Maffeau defdites condamnations , même leur
rendre & reftituer les fommes par eux payées au Greffe de la
Rochelle pour les droits d'enregiftrement & controlle de leurs
Baux : Condamne pareillement ledit Ragot à rendre audit le Normant les droits payez audit Greffe de la Rochelle , pour les
droits d'enregiftrement des Baux des Terres dépendantes de
l'Abbaye faint Michel en L'herme , des fept Avril 1691. & neuf
Octobre 1694. & les interefts defdites fommes , & de celle qui
a efté payée pour le Controlle du Bail defdites Terres , du vingt-
neuf Novembre 1699. fur le furplus des demandes , fins & conclufions des Parties , les à mis hors de Cour ; condamne lefdits Grand-Maiftre & Procureur du College Mazarin , Penetreau,
Maffeau & leurs femmes , & ledit Ragot ès amendes de douze
livres , & aux dépens chacun à leur égard envers ledit le Normant, lefdits Penetreau , Jean Maffeau & leurs femmes , &
lefdits Michau & Pierre Maffeau , à acquitter lefdits Grand-
Maiftre & Procureur du College Mazarin de ladite condamnation de dépens , & aux dépens, envers ledit College Mazarin,
tant en demandant , deffendant , que de la fommation , &
lefdits Rochard & Ragot à acquitter lefdits Penetreau , Jean
Maffeau & leurs femmes , & lefdits Michau & Pierre Maffeau

Q

de toutes les condamnations de dépens, & en tous les dépens, tant envers eux, qu'envers lefdits Grand-Maiftre & Procureur du College Mazarin, tant en demandant, deffendant, que des fommations & contrefommations. Mandons au premier noftre Huiffier ou Sergent mettre à execution le prefent Arreft. Donné en Parlement le vingt-neuf Juillet mil fept cens onze, & de noftre Regne le foixante - neuf. Collationné. Signé par la Chambre , GUIHOU.

Le feize Septembre mil fept cens onze , fignifié & baillé copie du prefent Arreft aux Grand-Maiftre & Procureur du College Mazarin , en leur domicile , parlant au Portier dudit College , & à eux fait commandement de fatisfaire audit Arreft, par moi Huiffier en Parlement , fouffigné. Signé , CHOULX.

Controllé à Paris le dix-fept feptembre mil fept cens onze, Regiftre 190. fol. 65. Signé , DE MAUBUY.

Et le dix-fept Septembre mil fept cens onze, fignifié à Maitres Copineau , Beuglet , Dupin , & Couëzeau le jeune.

Signé , SIMON.

ARREST

DE LA COUR DE PARLEMENT.

Du 23. Fevrier 1715.

Portant que les Sentences de la Chambre du Domaine des dix neuf Mars & vingt Avril 1712. dont estoit appel, sortiront leur plein & entier effet, & que Nicolas Duchange Bourgeois de Paris, Adjudicataire des bois de Bondy dépendans de l'Ordre de Malthe, sera tenu de faire enregistrer l'adjudication à lui faite desdits bois, & d'en payer les droits.

EXTRAIT DES REGISTRES DU PARLEMENT.

LOUIS par la grace de Dieu, Roy de France & de Navarre. Au premier nostre Huissier, ou nostre Sergent requis, Salut. Sçavoir faisons, qu'entre Nicolas Duchange Bourgeois de Paris, Adjudicataire des bois de Bondy dépendans de l'Ordre de Malthe, Appellant des Sentences contre lui renduës en la Chambre du Domaine du Palais à Paris des dix-neuf Mars & vingt Avril mil sept cens douze, & deffendeur d'une part ; & Maistre François Magny Commis à l'exercice des Greffes des Domaines des Gens de Main-morte du Diocese de Paris, Intimé & demandeur en Requeste du seize Avril mil sept cens quatorze, à ce qu'il plût à la Cour mettre l'appellation au néant, ordonner que ce dont est Appel sortira effet avec amende & dépens, d'autre part ; & entre ledit Duchange, demandeur en Requestes des trois & sept May audit an mil sept cens quatorze. La premiere afin d'estre reçu Opposant à l'Arrest par deffaut contre lui obtenu le vingt-uniéme Avril précedent, signifié le vingt-six, faisant droit sur l'opposition, la procedure fût déclarée nulle avec dépens ; la deuxiéme, à ce qu'il plût à Nostredite Cour mettre l'Appellation par lui interjettée des Sentences susdites, & ce dont estoit Appel au neant, émandant le décharger des condamnations y portées, &

condamner ledit Magny en tous les dépens , tant des causes principales que d'Appel d'une part , & ledit Magny d'autre , &
encore entre Messire Claude Antoine Chevalier , Chanoine de
l'Eglise de Paris & Syndic dudit Diocese , demandeur en Requeste du seize dudit mois de May , à ce qu'il plût à Nostredite Cour le recevoir Partie intervenante en la cause d'entre ledit Duchange & ledit Magny , lui donner Acte de ce que pour
moyens d'intervention , il employoit le contenu en sa Requête , ensemble les Edits & Declarations de Sa Majesté , & Arrests de son Conseil d'Etat du mois de Decembre mil six cens
quatre-vingt onze , six May mil sept cens quatre , & douze Fevrier mil six cens quatre-vingt-dix-sept ; lui donner acte aussi de
ce qu'il prend le fait & cause ès noms qu'il procede dudit Magny , faisant droit au principal sans s'arrester aux Requestes
dudit Duchange ci-dessus dattées , dont il sera débouté ; mettre les appellations des Sentences de la Chambre du Domaine
des dix-neuf Mars & vingt Avril mil sept cens douze , au neant ;
ordonner que ce dont est Appel , sortira son plein & entier effet ; condamner Duchange en l'amende ordinaire de douze livres , & en tous les dépens de cause d'Appel & de l'intervention , d'une part ; & ledit Duchange deffendeur & demandeur
en Requeste du 21. Juin ensuivant , à ce qu'il lui fût donné Acte
de ce que pour fins de non recevoir contre l'intervention sus-
dite , il employe le contenu en sa Requeste , ensemble l'Arrest du Conseil de mil sept cens six , & Arrest d'enregistrement
d'icelui fait au Greffe de nostredite Cour le vingt-cinq Janvier mil sept cens sept , ce faisant , sans avoir égard à ladite intervention dont il sera débouté , mettre l'appellation & ce dont
est Appel au neant , émandant le décharger des condamnations
portées par lesdites Sentences , & condamner ledit Magny aux
dépens , tant des causes principales que d'Appel ; & ledit Sieur
Chevalier en ceux auxquels il a donné lieu d'une part , & ledit Messire Claude Antoine Chevalier ès noms deffendeur d'autre part , sans que les qualités puissent nuire , ni préjudicier
aux Parties ; après que Riviere Avocat de Duchange , & le Roy
de Fontenelle Avocat du Syndic , ont esté oüis , ensemble Chauvelin pour nostre Procureur General , Nostredite
Cour a reçû & reçoit le Syndic Partie intervenante , ayant égard
à l'intervention a mis & met l'appellation au néant ; ordonne
que ce dont a esté appellé , sortira effet ; condamne l'appel-

lant en l'amende de douze livres , & aux dépens. Donné en Parlement le vingt-troisiéme Fevrier mil sept cens quinze , & de nostre Regne le soixante & douze. Par la Chambre , Signé , GUIHOU.   Collationné, PAYEN.

Le deuxiéme Mars 1715. signifié à Lejay Procureur.

Le huit Mars 1715. signifié & baillé copie du present Arrest au Sieur Duchange Marchand de Bois en son Domicile , ruë & vis-à-vis le Temple, parlant à sa personne , à ce qu'il n'en ignore , & à lui fait commandement de satisfaire ausdits Arrests , sinon qu'il y sera contraint par moy Huissier en Parlement , soussigné, GILLOT. Controllé à Paris le 9. Mars 1715. DEGRANDNOM.

LETTRES PATENTES
DU ROY.

Du 19. Octobre 1717.

Portant confirmation & interpretation de l'Edit du mois de Decembre mil six cens quatre-vingt-onze, concernant les Offices de Greffiers des Domaines des Gens de Main-morte, & des Arrests du Conseil rendus en consequence les dix-huit Mars, dix-neuf Juillet, & deux Septembre mil six cens quatre-vingt-douze. Ensemble l'Arrest d'Enregistrement desdites Lettres Patentes du vingt-trois Fevrier mil sept cens dix-huit.

Registrées en Parlement le 23. Fevrier 1718.

LOUIS par la grace de Dieu, Roy de France & de Navarre : A tous ceux qui ces Presentes Lettres verront, Salut. Nostre cher & bien amé le Syndic du Clergé du Diocese de Paris, Nous à fait remontrer que quoique le défunt Roy nostre très-honoré Seigneur & Bisayeul , eut expliqué ses intentions par deux Arrests du Conseil des dix-neuf Juillet & deux Septembre mil six cens quatre-vingt-douze , sur tout ce qui pouvoit concerner l'execution de l'Edit du mois de Decembre mil six quatre-vingt-onze , portant création des Offices de Greffier des Domaines des Gens de Main-morte , & des Declarations données en consequence ; neanmoins les Juges devant lesquels sont portées les contraventions qui sont faites à cet Edit , aux Declarations qui sont intervenuës depuis , & ausdits deux Arrests de nostre Conseil , refusent de se conformer à leurs dispositions , sous pretexte qu'il n'y avoit pas eu des Lettres Patentes expediées sur lesdits Arrests : ce qui a obligé l'Exposant de Nous supplier qu'il en seroit expedié , ce que Nous avons ordonné par l'Arrest de nostre Conseil du vingt-quatre Aoust dernier ; & comme nostre intention est que les Arrests de nostre Conseil des dix-neuf Juillet & deux Septembre mil six cens quatre-vingt-douze cy attachez sous le contrescel de nostre Chancellerie , soient executez. A CES CAUSES, de l'avis de noftre très-cher & amé Oncle le Duc d'Orleans Petit Fils de France Regent , de noftre très cher & amé Coufin le Duc de Bourbon , de noftre très-cher & amé Coufin le Prince de Conty , Princes de noftre Sang, de noftre très cher & amé Oncle le Duc du Maine , de noftre très-cher & amé Oncle le Comte de Touloufe , Princes legitimez , & autres Pairs de France , Grands & notables Perfonnages de noftre Royaume : Nous avons par ces prefentes fignées de noftre main , dit , déclaré & ordonné , difons , déclarons & ordonnons, voulons & nous plaift, que conformément à l'Arreft de noftre Confeil du dix-neuf Juillet mil fix cens quatre-vingt-douze, l'Edit du mois de Decembre mil fix cens quatre-vingt-onze , & l'Arreft du Confeil du dix-huit Mars mil fix cens quatre-vingt-douze , foient executez felon leur forme & teneur ; & en confequence que tous les Beneficiers & autres Gens de Main-morte , qui font valoir leurs Domaines & biens par leurs mains , en feront des déclarations pardevant Notaires , contenant la qualité , confiftance & revenu d'iceux , qu'ils feront inceffamment regiftrer au Greffe des Domaines des Gens de Main-morte , dans l'étenduë duquel lefdits Domaines & biens fe trouveront fituez , conformement à l'Article XIV. dudit Edit , & au fufdit Arreft , & qu'ils payeront pour l'enregiftrement defdites déclarations les droits portez par l'article XVII. du même Edit. Faifons deffenfes aux pourvûs defdits Offices , ou commis à l'exercice d'iceux , en attendant la vente , d'exiger de plus grands droits d'enregiftrement, que ceux portez par le fufdit Article XVII. dudit Edit , à peine de concuffion , de reftitution du quadruple , & de cent livres d'amende. Et en interpretant autant que befoin eft ou feroit l'Edit du mois de Decembre 1691. Ordonnons , conformement à l'Arreft de noftre Confeil du deux Septembre 1692. que les Fermiers des Archevêchez , Evêchez , Abbayes , Prieurez , Doyennez , Prevoftez , Chapitres , Monafteres , Hôpitaux , deniers communs , d'octroys ou patrimoniaux de toutes les Villes, Bourgs , Bourgades , & autres Communautez de noftre Royaume, & de tous les autres biens des gens de Main-morte , foient tenus de faire regiftrer tous leurs Baux courans , ou ceux qui feront faits à l'avenir , foit qu'ils foient paffez devant Notaires , ou faits fous feings privez , conformement à l'Article XII. dudit Edit , au Greffe qui fera établi dans chacun Diocefe où les

chefs-lieux des Benefices ou Communautez des gens de Main-
morte , seront situez : Voulons & entendons que tous lesdits
Beneficiers & Gens de Main-morte generalement quelconques,
sans aucun excepter , qui feront valoir par leurs mains leurs
Domaines & biens , fassent leurs déclarations, conformément
aux Arrests de nostre Conseil des dix - huit Mars & dix-neuf
Juillet 1692. pardevant Notaires , dans lesquelles il comprendront generalement tous les biens qu'ils font valoir par leurs
mains , la situation d'iceux , leurs circonstances , soit anciens
Domaines , nouveaux acquests , ou rentes constituées , les Maisons qu'ils occupent , qui feront partie des biens des Benefices
ou des Domaines des gens de Main-morte , & leur valeur annuelle ; à la reserve neanmoins des Presbyteres & Clostures des
Maisons Religieuses qu'ils occupent par eux mêmes ; lesquelles
déclarations ils feront pareillement registrer au Greffe qui sera
établi dans chacun Diocese , dans l'étenduë duquel les chefs-lieux
des Benefices & Communautez de Main-morte se trouveront situez ; pour raison de l'enregistrement desquels Baux & déclarations , il sera payé ausdits Greffiers , les droits portez par l'Article XVII. dudit Edit , toutes charges comprises : Ordonnons
que ceux qui occuperont des maisons ou autres biens des Benefices ou du Domaine des gens de Main morte , sur conventions ou Baux verbalement faits , ou sur la clause de tacite ré-
conduction , soient tenus d'en faire leurs déclarations, lesquelles
ils renouvelleront tous les neuf ans , si tant durent lesdits Baux,
conventions ou clauses de tacite reconduction , lesquelles déclarations ils feront registrer ausdits Greffes , & en payeront les
droits conformement audit Article XVII. dudit Edit. Faisons
deffenses à tous les Beneficiers , gens de Main-morte , leurs Fermiers , Locataires , & toutes autres personnes que ce puisse estre,
de contrevenir aux Presentes , à peine de trois cens livres d'a-
mende , applicable moitié à Nous , & l'autre moitié aux Officiers , au préjudice desquels la contravention se trouvera avoir
esté faite , sans que cette peine puisse estre reputée comminatoire , remise ni moderée , sous quelque cause ou pretexte que
ce puisse estre. Faisons pareillement deffenses ausdits Greffiers
d'entreprendre sur les fonctions les uns des autres sous pareille
peine : Enjoignons aux Sieurs Intendans & Commissaires départis
pour l'execution de nos Ordres dans les Provinces & Generalitez
de nostre Royaume , de tenir la main à ce que ces Presentes
soient

soient executées selon leur forme & teneur, sans souffrir qu'il
y soit contrevenu, & ce nonobstant oppositions ou autres empêchemens quelconques, pour lesquels ne sera differé. Si Donnons en Mandement, à nos amez & feaux Conseillers
les Gens tenans nostre Cour de Parlement de Paris, & autres
nos Officiers & Justiciers qu'il appartiendra, que ces Presentes
ils ayent à faire publier & enregistrer, & du contenu en icelles
faire joüir l'Exposant, faisant cesser tous troubles ou empêchemens quelconques : Aux copies collationnées desquelles, par
l'un de nos amez & feaux Conseillers-Secretaires, Voulons que
foy soit ajoutée comme à l'Original : Car tel est nostre plaisir ;
en témoin de quoi Nous avons fait mettre nostre Scel à ces
Presentes. Donné à Paris le dix-neuviéme jour du mois d'Octobre
l'an de grace mil sept cens dix-sept, & de nostre Regne le troisiéme. Signé, LOUIS. *Et plus bas*, Par le Roy, Le Duc
d'Orleans Regent present, Phelypeaux.

*Registrées, oüy le Procureur General du Roy, pour estre executées
selon leur forme & teneur, conformément à l'Edit du mois de Decembre mil six cens quatre-vingt-onze, & autres Edits, Declarations
& Arrests d'Enregistrement d'iceux en la Cour, suivant l'Arrest
de ce jour. A Paris en Parlement, le vingt-trois Fevrier mil sept
cens dix-huit.* Signé GILBERT

EXTRAIT DES REGISTRES DE PARLEMENT.

VEU par la Cour les Lettres Patentes du Roy, données à
Paris le dix-neuf Octobre mil sept cens dix-sept, signées
LOUIS, & sur le reply, Par le Roy, le Duc d'Orleans Regent present, Phelypeaux, & scellées du grand Sceau de cire
jaune, obtenuës par le Syndic du Clergé du Diocese de Paris ;
par lesquelles pour les causes y contenuës, ledit Seigneur a ordonné, veut & lui plaist, que suivant l'Edit du mois de Decembre
mil six cens quatre-vingt-onze, & les Arrest rendus en consequence, tous les Beneficiers, ou autres Gens de Main-morte, qui
font valoir leurs Domaines & biens par leurs mains, seront tenus d'en faire des déclarations pardevant Notaires, contenant
la qualité, consistance & revenus d'iceux ; qu'ils feront incessamment registrer au Greffe des Domaines des Gens de Main-

R

morte, dans l'étenduë duquel lesdits Domaines & biens se trouveront situez, conformement à l'Article XIV. dudit Edit, & qu'ils payeront pour l'enregistrement desdites déclarations, les droits portez par l'Article XVII. du même Edit, ainsi que plus au long le contiennent lesdites Lettres à la Cour adressantes. Veu aussi copie imprimée dudit Edit du mois de Decembre mil six cens quatre-vingt-onze, registré en la Cour le deux Janvier suivant, & autres Edits, Declarations, Arrests & autres pieces attachées sous le contrescel desdites Lettres, ensemble la Requête presentée à la Cour par ledit Impetrant, afin d'enregistrement d'icelles. Conclusions du Procureur General du Roy. Oüy le rapport de Maistre Ambroise Ferrand, Conseiller, & tout consideré. LA COUR ordonne que lesdites Lettres seront enregistrées au Greffe d'icelles, pour estre executées selon leur forme & teneur, conformement à l'Edit du mois de Decembre 1691. & autres Edits, Declarations & Arrests d'enregistrement d'iceux en ladite cour. Fait en Parlement le vingt-trois Fevrier 1718. Collationné. Signé, Gɪʟʙᴇʀᴛ.

TABLE

DES EDITS, DECLARATIONS, LETTRES
Patentes, Arrests & Sentences contenuës au present Recüeil.